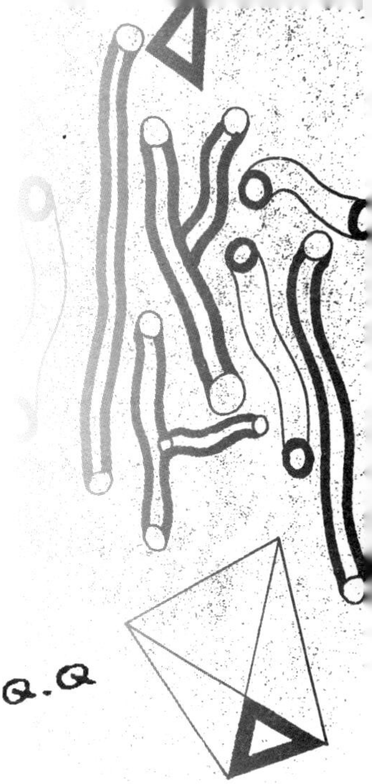

未完成的梦

海外画家访谈录

阮义忠 著

上海译文出版社

目　录

序：把梦做完

阮义忠

二十岁出头、在海军服役的那三年，我还真干了不少事儿。除了写过十首诗、几篇小说、一大堆情书，还利用通信做了一系列的海外画家采访。主要是当兵的日子太无聊，无论是驻防金门，或随着运补舰在海上漂泊。

我一直以为，这些在《幼狮文艺》连载了一年多（一九七二年九月开始）的访谈为个人工作记录，最多以后在回忆录提提。没想到，上海译文的两位编辑陈飞雪、邹滢认为它们填补了中国现代绘画史的一段空白，有出版价值。

总之，一切都是缘；想到这里就不得不感谢《生活》月刊。夏楠有次来信，说杂志要介绍丁雄泉，资料显示我曾访问过他，可否把稿子传去供他们参考。

结果，编辑部同仁大吃一惊，用了个“震”字来形容，认为那是罕见的妙问妙答。文章刊出后，反应非常好。这下子我才想到，其实其他几篇也都不错。那个时代的人有底气，说话做事都实实在在、不打高空。尽管篇数不多，但每位画家的生活经历、学习过程是多么不同，非常值得参考。不但能给爱画画的年轻人借镜，也可让大家知道，我也有过画家梦。

从小我就想当画家，尤其是初二那年读了欧文·斯通（Irving Stone）的《凡·高传》（*Lust for Life*，余光中翻译，台湾一九五七年版本译作“梵谷传”）。在世俗生活、精神世界受尽折磨的凡·高，把灵魂燃烧成一幅幅令人悸动的图像，让我每看几行就深吸一口气，每翻几页就止不住眼泪，仰望苍穹叹息。这是本向苦难灵魂致敬的书，告诉世人，凡受过苦的必有报偿，只要通过试炼，再低下的人都能升华为精神上的贵族。它跨越时空、地域、种族、文化，激发了一个十四岁的乡下少年，让我认定艺术就是往后的路，再苦也甘愿!

高中毕业，我如愿靠插画找到工作，踏出在社会上的第一步。当时，台北举办任何画展我都会去观摩，有空就钻进卖日文书和欧美书的两家书店翻画册，总想着哪天一定要去巴黎、纽约闯一闯。当时，只要拼命念书，并不难申请到海外学校的奖学金。可是爱画画的通常学科成绩都不好，要通过托福考试特别难，能去海外学习的少之又少。对生长在小岛的我们来说，只要能出去，哪怕是流浪、过着三餐不继的生活也值得，因为能开眼界、与世界接轨，在艺术殿堂中跟大师们的原作对话。

有一天，我在台湾省立博物馆看到一个新奇的版画展。谢理法、一个华人，把西方潮流完全吸收、消化后融在绘画当中，让我深觉，这是关在岛屿上的人绝对做不来的。透过高信疆的帮忙，我开始跟谢理法通信，想了解海外画家如何奋斗。谢理法非常支持我的工作，不但热心给我提供其他画家的地址，还请《中国时报》编辑把他的一篇长文稿费转给我，说航空邮资很贵，希望能对我稍作补贴。

我用最便宜的邮简，摊开来正反两面都可以写，折起来连邮票都不必贴就能寄了。为了省钱，字写得像蚂蚁那么小，密密麻麻地爬满纸面的每个角落。我尽可能打听，找到更多画家的地址后，便开始跟他们一一联络。有的信石沉大海，有的信得到热情回复，其中包括旅居法国的熊秉明、彭万墀、李明明，意大利的萧勤、霍刚，英国的林寿宇以及美国的丁雄泉、赵春翔、谢理法、陈锦芳、廖修平、蒋彝、庞曾瀛、蔡文颖。

跟这些前辈通信，还真是有如去了一趟海外。年青的我追求西方的一切，认为中国的东西都是落伍的。常年在异地奋斗的画家们看尽所有，却认为创作不从自己的文化出发，难有机会。无论如何求新求变，断不能离了根。

遗憾的是，最后我只完成了八位艺术家的访问。蔡文颖、刁大卫必须以英文通信，我没办法。蒋彝、熊秉明乐意受访，但得等他们任教的大学放假或特定日程才能答复。另几位虽已寄来资料，但我在退役后接触了摄影，又加上《幼狮文艺》认为丁雄泉的那篇访问过于前卫，不宜刊登，让我大感气馁，采访工作就这么搁下了。在《汉声》(*ECHO*) 杂志没日没夜地忙，距离绘画愈来愈远，当画家这件事就成了未完成的梦。

本书中的画家我只见过丁雄泉、谢理法、廖修平和陈锦芳，其他四位从未谋面。前些日子到图书馆找资料，把《幼狮文艺》的旧杂志一页一页地影印，翻拍那些印刷质量欠佳的图片。读着看着，心中感慨无比。

记得读小学时，我就时常受到美术老师杨乾钟的鼓励。念头城初中时，因为跟美术老师顶嘴被记大过，加上之前旷课太多，只好退学转到冬山中学重念初二。由大陆来台的美术老师是杭州美专（中国美术学院的前身）毕业的，总是不吝赞赏我、给我全校最高的成绩，作业却从不发还。毕业典礼那天去谢师，才发现他的宿舍墙壁贴满我的作业。那真是我在画画方面得到的最大肯定。老师给了我无比的信心，我却忘了他的姓名，真不应该！

考回头城高中后，三年六个学期的美术老师都是蓝荣贤。他当时才从“国立”艺专毕业，一点也没把我当学生，待我像哥儿们，找我去礁溪他家吃饭。他谈恋爱我当电灯泡。他开首次个展，居然请我这个高二学生帮画册写序。

到台北参加大学联考，考卷一发下来我便知无望，于是把上课偷画的一大叠素描捧去《幼狮文艺》找工作。从爱荷华大学写作工作坊返台的诗人痖弦才任主编，目不转睛地翻着我的画稿，怀疑地问：“这是你画的吗？”几天之后，我便在这本当时台湾最重要的文学刊物上班，发表了大量插图，成为众所瞩目的黑马。

席德进是第一位为我写画评的前辈。我们年龄差一大截，却彼此相知互重。后来我拍照，在《家庭月刊》发表一系列的台湾乡村摄影报道，离绘画的道路愈来愈远，跟他较少联络。一九七七年秋天路过忠孝东路，见阿波罗画廊正在展席德进的作品，看了大为感动，便给他写了封信。没料到席德进不但立刻回信，说我是真正了解他的人，还要我为他即将出版的画册《我画、我想、我说》作序。

除此之外，在《汉声》杂志工作时，我曾采访过同乡前辈蓝荫鼎，中文稿被翻成英文后并未留下来。后来在《雄狮美术》（何政广主编时期）、《台湾时报》副刊（陈冷主编时期）也写过几篇画家评论，均未保存。如今能看到的，除《联合报》副刊（平鑫涛主编时期）的《现代艺术的困境》，就是这些海外画家访问记了。

跟他们通信时，我才二十二三岁，这让他们大感吃惊，对我特别关心。谢理法先生赞助邮费，庞曾瀛先生再三叮嘱我上大学、将来去海外深造，说我若不这么做，就是浪费自己的才华。庞先生甚至开出条件，要补助我生活费，让我退役后好好念书，不得再工作。也不管我同不同意，他就寄了一张支票给一位台湾画家转交。我忐忑不安地领了一次就再也不去了，感觉那是一个非常严重的承诺，若是达不到他的期许，该如何是好？

那个年代，那些人，那种慷慨提携后进的情怀……每每忆及，都让我感念不已。身在纽约的廖修平先生、陈锦芳先生叫我到他们台北、台南的家中取画作当纪念。赵春翔先生航空寄来一幅水墨画，叮咛我找师范大学附近的一家店裱褙。

丁雄泉先生首次来台便找我共聚，返美之前把身边剩的台币都留给我，说懒得换回美金，让我帮他吃两顿大餐。熊秉明先生虽没采访成，首次来台办展时也指名要见我。在餐桌上跟一伙人同时见面，但他的微笑让我知道，他读过并欣赏我所作的访问记。

让我念念不忘的，还有集画家、诗人、作家、书法家于一身的蒋彝先生。生于江西九江的他，享有"中国文化的国际使者"美誉，最为人津津乐道的便是将 Coca Cola 翻译为"可口可乐"。在海外功成名就，却四十余年不娶，于一九七〇年代返乡与发妻、家人团聚。

当时蒋先生年近七旬，在美国哥伦比亚任中国文学教授，不但赠书给二十二岁的毛头小伙，且以工整的毛笔小楷回信，对我多所鼓励，还告诉我，日后采访哪位画家可提哪些问题。用不着谋面，这份为人处事的谦和、严谨，已对年少轻狂的我起了相当的教育作用。

只可惜，蒋先生的墨宝，连同其他几位的邮简都因屡屡搬家而不知去向。就连那些珍贵的、被我用报纸层层包裹的一卷卷原作，也被每周来一次的清扫妇给当垃圾丢了。

蒋彝、熊秉明、丁雄泉、赵春翔诸位先生都已陆续过世。为了纪念那些没有完成的访问记、那些遗失的画作、邮简以及我那未完成的画家梦，我特地找出蒋彝一九五五年在哈佛大学的演讲全文《中国的画家》附录于后。藉此缅怀，并表达我对这群画家的感激与敬意。

如今的我早被贴上摄影家的标签，虽然我也写过许多文章、画过很多插图，而且自认这两项尝试的成绩不比拍照差。这辈子从小爱画画，既然三十岁到六十岁给了摄影，六十到七十岁勤于笔耕，干脆七十岁之后重拾画笔，并把之前的插图整理出版画册。

从小的画家梦，可能因为这本书的出版，在半个世纪之后让我把梦做完吗？

二〇一五年六月

每画一张画，就像自杀过一次

丁雄泉访问记

一度，丁雄泉可能在国际上与赵无极齐名，但是他作画速度太快、作品太多，尤其是水墨与版画，油画创作较少，以收藏家的角度来看，价值便比不上赵无极了。但丁雄泉的画作衍生品、卡片在欧美各国处处可见，甚至比一些西方大师还受欢迎。在某些人的心目中，他的地位相当高。

在我采访过的画家当中，近距离接触过的唯有丁雄泉。他首次来台时，我把他拉到《汉声》杂志办公室看陈耀圻导演、《汉声》制作的纪录片《七个节庆》。我和他、黄永松挤在小小的编辑部，把窗户用黑布遮起来，以十六毫米放映机投影在白墙上。看完后出门，他跟我讲了这么一句："安东尼奥尼拍的中国太冷，你们拍的这部台湾却太热！"这就是丁雄泉，语不惊人死不休，句句正中要害。

他爱送人礼物，从纽约带来一瓶香水，说是要给我的女朋友。他还提议跟我互换手表，以资纪念。我可没答应，因为他戴的那只

丁雄泉第二次访台，阮义忠于台北圆山饭店为其留影，1975 年。

极其昂贵、号称世上最薄的机械手表，而我的芝柏表虽也算名牌，价格只及他的几分之几。

他是看中了我那只表的设计，根本不在乎价差。这就是他。只要是美的，从美食、美物到美女，他都要追求。跟他通信是件愉快的事儿，因为他总把心中话无拘无束地彻底表白。跟他在一起，大概所有人都会忘了矜持，禁不住放肆起来。也由于如此，他三次来台，身边的酒肉朋友愈来愈多，埋单的总是他。他数度邀我去夜店狂欢，我都兴趣缺缺，后来实话实说："我很喜欢你，但围绕在你身边的人实在不敢领教。"他没生气，只是笑笑："你还太年轻了！"

第一次处得很愉快，第二次很多场合我都没奉陪。第三次他来台开画展，我们应某杂志之邀对话。在展览现场见面时，他变得陌生，客气地对我说："真没想到，你放弃画画，现在竟然成了鼎鼎大名的摄影家！"

丁雄泉很少跟人谈私事，对他的进一步了解，还是透过《生活》月刊的《家书》别册。在他于一九七〇年代给二哥月泉、三哥秋泉的信函中，吐露了深邃的眷恋。就是这些信让我明白，自号"采花大盗"的丁雄泉，在狂放不羁的外表下，藏着一颗纯真的心。

月泉、秋泉二位兄长：

来了，来了，终于来了，每次接得家信一则是忧，一则是喜，见到了仁泉大哥的来信，恍似一把火把我全身烧焦，眼泪隐隐地在眼中要想大哭，但小孩、老婆都望着我，我不能哭，一哭就无控制，或许会哭上三天。自从离开你们到现在还没哭过，心中积了无数的泪，遭遇过太多的伤心事，化愤怒为力量，化悲哀为爱情吧！

母亲一定是去了，好在她老人家也是好福气。杜甫诗云“人生七十古来稀”，年纪老些的人对死看得淡一些。昨夜整夜失眠，我感觉到好像针刺，我尽量想法子使得自己平静，约朋友大吃一顿，想想快乐的事情。太悲把人刺激变成疯狂，当然我无法忘记母亲的一切，尤其在外，工作半夜回家，小孩老婆都已安睡，一个人孤零零坐在黑暗中想想往事，想想上海你们。有时极想要坐在母亲身旁，坐上三日三夜……(一九七一年三月二十四日于纽约)

在这里，也借《家书》的简介将他的生平略微呈现：

丁雄泉，画家，诗人，一九二八年生于江苏无锡，成长于上海。在上海美术专科学校有过短暂学习，但自认是一名自学的素人画家。一九五二年移居巴黎，结识了眼镜蛇画派(Cobra Group)成员，建立深厚的友谊。六年后移居纽约，与美国的波普画派及抽象表现主义的艺术家们颇有渊源，然从未认为自己属于任何艺术派别。移居美国后采用一些新媒材创作。作品典

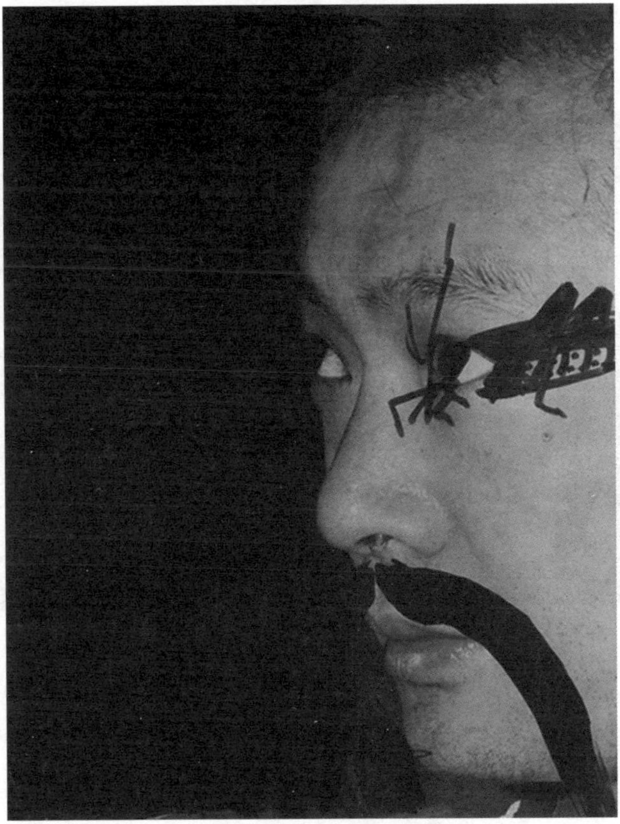

丁雄泉把自己的肖像涂上蟑螂眼，
再加上两撇长胡。事实上，
他长得英俊潇洒、风流倜傥。

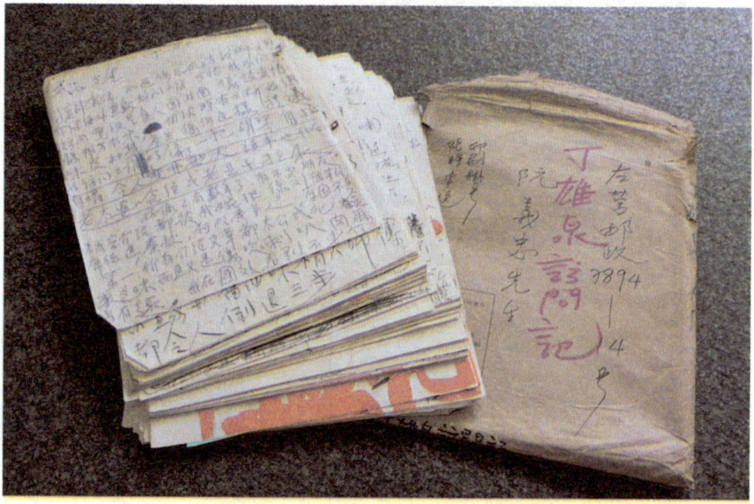

丁雄泉的信最多，因此被我单独保留在一个信封袋里，
不像其他画家的单张邮简，因屡屡搬家而不知去向。

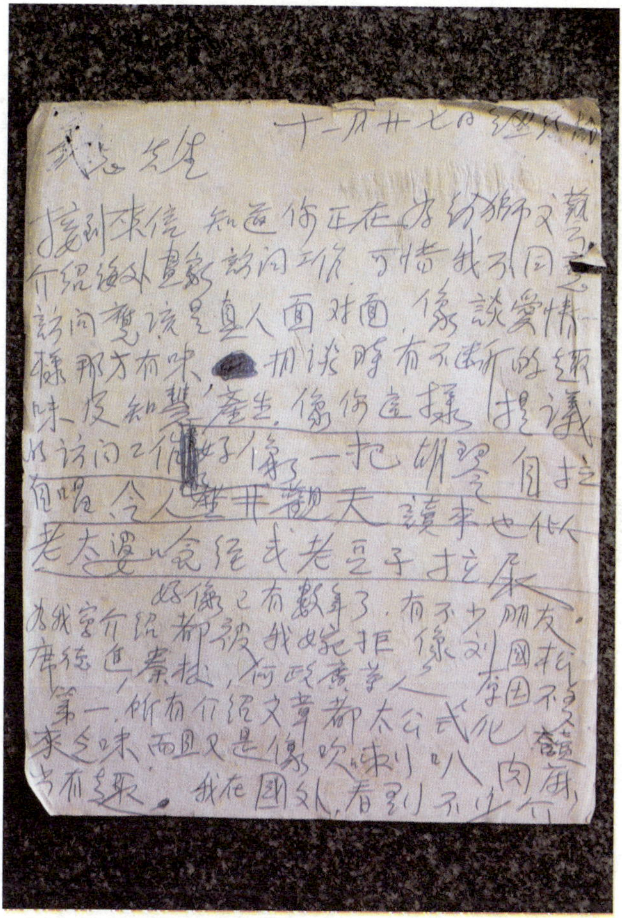

十一月廿七日 雄泉

武德 先生

接到来信 知道你正在为幼狮文艺
介绍海外画家访问工作 可惜我不同意
访问应该是真人面对面 像谈爱情一
样那才有味。一切谈时有不断的趣
味及知慧产生。像你这样提议
的访问工作好像一把胡琴 自拉
自唱 令人坐井观天 读来也似
老太婆唸经 或老豆子拉屎
好像已有数年了。有不少朋友
为我写介绍 都被我婉拒 像刘国松
庄喆、秦松、何政广等人 李国[illegible]
第一 所有介绍文章都太公式化 [illegible]
来乏味 而且又是像吹喇叭 肉麻
[illegible]有趣。我在国外 看到不少[illegible]

丁雄泉的第一封来信，字很大，一张写不了几句话。

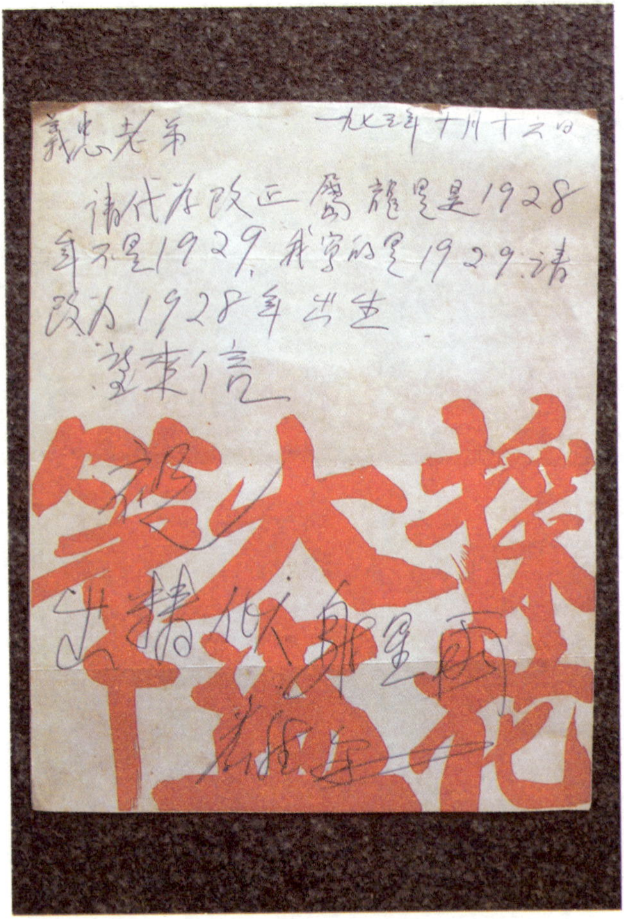
義忠老弟　一九九三年十月十六日
請代為改正 屬龍是1928年不是1929，我寫的是1929.請改為1928年出生
並來信

丁雄泉给我的最后一封信。

丁雄泉的版画及复制品在欧美各国非常畅销，
只要卖明信片的地方都可看到，
摆在最抢眼之处。

藏于许多世界知名美术馆与基金会。发表过十三本诗集与画册。于二〇一〇年五月十七日逝世于纽约。

我访问丁雄泉时，用的不是邮简，而是信纸。他书写像画符，每个字都又大又潦草，一个问题可以回答好几张纸。也因为如此，所有来信被我集中保留，单独放在一个大信封袋里。牛皮纸上写着“左营邮政 7894－14 号”。就是这几个字让我想起，当时的我是个小水兵，只能趁船舰靠岸时，专程到左营邮局取信。

在随着大海晃荡的船上，我一封又一封地给海外画家们写着信。日头无论是升是落，都会挂在水平线上，像个大红球。我眼睛追着光，心想，在地球的背面，有人正陪着我做画家梦。

（丁雄泉访问记是我于一九七二年秋末开始与他接触，获得他的首肯后，于一九七三年四到七月的四个月期间，以密集航空邮件往来完成的。）

一九七二年十一月二十七日纽约城

义忠先生：

接来信，知道你正在为《幼狮文艺》介绍海外画家做访问工作，可惜我不同意。访问应该是真人面对面，像谈爱情一样方有味，相谈时有不断的趣味及智能产生。像你这样提议的访问工作，好像一把胡琴自拉自唱，令人坐井观天，读来也似老太婆念经或老头子拉屎。

好像已有数年了，有不少朋友要为我写介绍都被我婉拒，像刘国松、席德进、秦松、何政广等人。原因不多，第一，所有介绍文章都太公式化，读来乏味，而且又像是吹喇叭，肉麻当有趣。我在海外，看到不少介绍文章。而这些文人画家都是些走江湖，三脚猫。在读介绍文章时心中突然涌起荒凉之感。

何况我又不是耶稣，并不愿意及喜欢人人爱我的图画，我的画就是我的生活和精神。

希望你原谅，我喜真人真言，痛恨假惺惺，就连美丽大小姐也不要，若是她来一个假惺惺。

匆匆祝好

丁雄泉

一九七二年十二月十三日纽约城

义忠先生：

又接来信，知道你也是画图的年轻人，很好，很好。

我说的三脚猫不是你，是余光中。他也写些艺术评论介绍之类，我看了心中觉得要吐三口痰。当然还有那些老太太型的画家与酱油味精大师傅，都令人倒退三步。我对于牛郎织女的爱情也是鼻子发霉三天。

明年夏天东南亚一行，来台湾七日。偷偷摸摸去绿灯户来一个十八摸，月亮弯弯照九州岛，几家欢乐几家愁……

据说去中国大陆旅游，要来一遍最近十年来的自我介绍，这真是洋山芋搓皮，莲子掏心，也是叫人发冷三尺。

当然，我并不是胖女人装瘦，丑人作怪的骚腔。没有一个人能写介绍我的文章流畅似夏雨，轻得像天女散花，连接似七巧星。我自己也是写了许多诗，总觉得不容易写，读者看了还不是往垃圾箱一掷为快。

十五年来抽水马桶里洗笔，一江春水向东流，一大片爱情变成一片片花天酒地，自作自受好不快乐，他人事管他娘。

祝好

丁雄泉

一九七三年元月十日纽约城

义忠先生：

附上展览会目录一册，昨夜展览会开幕后和许多画家去中国城大吃一顿，令人痛快一次。

知道你大忙在和许多人接触及写访问，你所说的中国画家我都认识，只是点点头而已，从无谈心，高谈阔论。原因，我不喜欢他们的画，处女型、寡妇型、半吊子型、坐井观天之大情人，小裁缝的妹妹也来一笔。

你可告诉痖弦，将来我用丁雄泉的笔名写一篇采花大盗访问记。我觉得请人抓痒还不如自己来洗菜，自己的花还是开在自己的绿叶上，不是我拒绝你的提议，有许多微小又微妙的东西是不能和人说的，只能像小溪一样的慢慢地流出来——写出来。

总而言之，你不能写我的访问，一写出来非得罪上上下下数十人之多，痖弦有没有这个胆量登出来？当然我也可以用不着辩论、不管他人事的方式写，像唐伯虎一样。

祝好

雄泉

一九七三年三月二日纽约城

义忠老弟：

刚从南美巴西归来，眼见老父仙游回去。我又是红眼、肺炎、牙痛、冷汗、噩梦，好像也要乘风归去的样子。奈何数位医生不断地救，又慢慢地好起来。还好，只是四十五岁，要是五十四岁也是一脚登天。

你有没有过替死人换衣服，把一个人放进棺材的经验？我从前写了很多关于死的诗，都是浪漫的。例如：

我死后放一把火
抛进抽水马桶
请拉一把

如今，吞了一座大火山，根本什么话也说不出来。

你来信上提出的问题很有趣，但还不够特出和稀奇古怪，也不大胆，更没有屈原的“天问”。你用不着把我当一个人，像一阵春风就可以了。若是问题提得多和好，我愿意接受你的访问，但不要提及当代活的中国画家，四海之内，皆醋瓶也。

五十个问题像一首诗，像一座原始森林，像五千里路上的白云，像五天的暴风雨。不论任何问题，都能答复。你到底有多少想象力？有没有连贯性？问题里当有大树根、绿叶、鲜花、蝴蝶、春天、轻风、太阳光，最后像一只苹果打在头上，得到最后的答复。

祝好

丁雄泉

一九七三年四月十三日纽约城

义忠老弟握手：

你最近两封信写得好极了，千帅、万鲜，又像初夏的阵雨把你自己年轻的青春不断地暴露出来，像不像野猫叫春？

我的第一本诗集（一九六一年）《我的粪及我的爱情》；

第二本（一九六四年）《一分钱的生活》（瑞士出版），共印两千一百本。内有六十一首诗，七十张石版画（十六个国家的名画家，共有二十八个画家的作品），其中有一百本是精装手工纸，每张石版画都有画家亲笔签名，现售价三千五百美金（美国国家科学院也买一本收藏）；

第三本（一九六七年）《中国的月亮》；

第四本（一九六九年）《酸辣汤》；

第五本（一九七二年）《绿了芭蕉》；

第六本（一九七四年）《早晨》；

第七本（一九七四年）《游山玩水》；

第八本（一九七四年）《统统都在我的脑袋里》；

就要出版第九本（一九七四年）《红嘴》，在香港印，一首诗长六十页，加上五彩版有七十二张之多，完全仿照电影杂志，共计两百页（美女如云）。

附上犹太国特派专栏文学家兼诗人阿骂死的采访特稿，你看得懂犹太文？《纽约时报》有两次特访稿，也是全页。

现在根本不记得一切电话号码，昨天做的事情差不多都忘记，这样才能四大皆空。唯有这样，才能迎接万象更新不背臭包袱。唯有这样，才能不恨他人也不吃醋。唯有这样旦如朝云，才能暮如行雨。唯有这样浑浑噩噩，才能阳春白雪。唯有这样挥金如土，才能扬长而去。

16 ……未完成的梦

丁雄泉与其纽约画作，约 1970 年。

好吧！把题目都踢过来，把吃过的空瓶隔海掷过来，把摸过的奶奶香气也推过来，垃圾马桶一切都要，我胃口甚好又大，想来必是春天了吧！

雄泉

阮义忠：打从您画画到今天，您是怎么画过来的？

丁雄泉：乘飞机飞过来。

阮义忠：您在您的画中画些什么东西进去？

丁雄泉：吃喝嫖赌、酒色财气，样样都来。

喜怒哀乐、甜酸苦辣，样样都去。

阮义忠：您愿不愿意向任何人或特别的人解释您自己和您的艺术？

丁雄泉：和一个陌生的妓女做爱，就是解释我自己的裸体和我爱情的艺术。

阮义忠：有没有因为一个女人和您的关系，而影响您的画风转变？

丁雄泉：绝对没有。我自己是一匹瀑布，女朋友、女姘头像蝴蝶、蜻蜓一样飞来飞去嘻嘻哈哈，我是一棵大树，开花春风得意笑口常开。女人就像小鸟，在我的肚皮上叽叽喳喳。

阮义忠：您会不会把爱情的感受拿来入画，或者把做爱的经验画出来？

丁雄泉：爱情不光是指男女之间的爱。我爱海洋，爱大蒜，爱春天，更爱美女，尤爱猪肚。酸辣汤加水饺是和三十岁妇女一样有劲。昨天看了一阵大雨，夜上又看大小姐出浴，今晨吃水饺，果然画出一张好画。走在马路上看见一些穿迷你裙的大小姐轻飘飘，我的马路就是一张画布，大小姐就是五颜六色的颜料飞来飞去。

阮义忠：从您开始画画已经画了多少画？卖了多少画？毁了多少画？留了多少画？有多少中国人买您的画？有没有得过什么奖？

丁雄泉：已画了两千多张，卖了三百多张，毁了一千多张。有两个中国人买过我的画。得过一个古根汉奖(一九七〇年，奖金一万美金《裸体美女画》)。

阮义忠：听说您还画裸体美女，又画中国画，也画抽象画，三种不同的主题不同形式的画，是不是真的，为什么？

丁雄泉：我的胃吃天上的鸽子，海中的黄鱼，地上的猪。

我的舌说法语、英语、国语。

我的身体和金发碧眼的女人、红发绿眼的女人、黑发黑眼的女人做爱。

你有没看见天上的虹也是红、黄、蓝。

阮义忠：您认为懂您的画的人越多越好，还是越少越好，还是根本没人喜欢最好？

丁雄泉：当然是根本没人喜欢最好。等将来我有足够的钱供养我一生的时候，我一面画一面撕掉，根本就是逢场作戏。好与坏根本是无聊的。为什么世人还没有批评这些风吹得美，那些雨下得不够巧？

阮义忠：您希望自己的画根本没人喜欢最好，那干吗没事开个展览，没事出个画集，是不是想骗钱？

丁雄泉：我是一棵大树，一年四季不断地开花，心里并不希望每人来看我的花。我并不是耶稣和妓女，要人人都来爱我。我开我的花，我画我的画。你喜不喜欢是你自己的事。

阮义忠：以今天的艺术潮流来看您的作品，您的地位是处在潮流之前，还是潮流之后？

丁雄泉：这问题太小孩子气。

潮流这名词用在投机人的身上才妙。对我来说是：昙花一现的树倒猢狲散。

阮义忠： 如果有人说您的画是抄袭某某人的，您会不会生气，有多少人的画和您一样过或很接近过？

丁雄泉： 我认为我自己是一座火山，一匹瀑布，一阵狂风。总是不断地激动，不断生长。你不能说这块云抄那块云，天上的云都是抄来抄去的，你所说的抄袭都是理智的人做的，像我非常情感的人是不做的。

你有没有看见过一只豹在摹仿一只猪在马路上走路？

阮义忠： 保罗·詹金斯（Paul Jenkins）和莫里斯·路易斯（Morris Louis）算不算您的同路人，山姆·弗朗西斯（Sam Francis）是不是你们的带路人，把你们四个人合起来展的话，您以为如何？

丁雄泉： 薄颈根（Paul Jenkins）的画太油腔滑调了，像一个流鼻涕的卖油郎，油腻得像小飞仔的飞机头上涂满生发油，把蟑螂、蚊子一齐跌落千丈。

马律师路（ Morris Louis）的画是妙想天开，太阳光高照的时候，突然数道鲜艳彩虹异路同归，一大片天空任由您呼吸。他是美国开国以来第一大师。

三方雪（Sam Francis），他可以说是半个宋朝人，静似皓月当空，他的眼睛比天还蓝，他的画常使人恍然大悟。他是美国第二个大师，也是全世界的画家中第一个能表现出“色即是空，空即色”的人。

我的画像天女散花，性交后一刹那的星光灿烂。像裸体人轻飘飘，像春风轻轻吹。飞呀飞，没有上帝飞呀飞，没有政府飞呀飞，没有敌人飞呀飞，不欠钱呀飞呀飞，不用护照飞呀飞，不要付房钱飞呀飞，快活死了。

若要四个人合展，我一脚把薄颈根踢掉。三方雪不能算带路人，因为我们不是跟班。他是从马跌死(Matisse，通译马蒂斯)那边成长过来的，经过日本的绘画和中国哲学的影响，产生了中西合璧、由西到中。我也是中西合璧、由中到西，故我们的世界是十分相近的。假如我们四个人同乘一辆公共汽车，每人的呼吸是互相呼来吸去，所看见的风景也是大同小异。

真巧，现在正在美国作五大城市的博物馆巡回展览的“新鲜空气画派”，由毕次堡咖喱鸡博物馆（通译匹兹堡卡内基博物馆）主办，三个人每人十五张大画(三方雪，我，和一个美国女画家穷蜜姐儿 Joan Mitchell [通译琼・米歇尔])，四十五张大画一路上开过去，像一大片树林跟着大山。春天的桃花，夏天的莲花，秋天的桂花，冬天的梅花，花天花地处处闻鸟叫，红黄蓝紫青，莺声燕语，大山中有飞瀑，飞瀑中有云雨。

此博物馆馆长主办的动机和你的意见十分相像，相隔一万里，是不是心心相印?

阮义忠：您的抽象画看起来像手淫射在墙上的精液，是不是打算一直这样画下去?

丁雄泉: 手淫都是文人终身的玩意儿，冷冷的，静静的，理智的。我是一个强盗，自称采花大盗，热热的，动动的，情感的。画上的颜色多至数十种，完全像一个夏天的花园，红黄蓝白黑响遏行云。最近我的画都是轻飘飘在花丛里飞来飞去。

一个人的精液真是太少了，差不多和眼泪水一样少，手淫是一种温柔的技巧，我认为扬州八怪的画像手淫，像在人行道上看花园。想起了梅花画梅花；想起了坐在公共汽车上的小姐就手淫起来，与她在冰箱里蠢蠢欲动，飘飘欲仙，一切都是假的。

或许你说的是在这个“射”字上，我认为“射”字不够正确，我是“喷”。喷出万紫千红的花，我的胃是一个地下海，画图的时候总是跳进画里面，全身烫热，像一匹瀑布一气呵成，或像喷泉把甜酸苦辣(分了又合一起，合了后又分，像宇宙造星)一齐喷在蓝色天空。蓝色天空也、我的画布也、我的精神。

阮义忠: 听说您心中越是不开心越是画好画，是不是真的?

丁雄泉: 把心中的酸气、怒气、屁气像弹棉花一样弹出来，织成雨过天晴的世外桃源，怎么会不高兴?

阮义忠: 您的画是不是一点也不受日新月异的美国社会干扰，纽约新鲜事天天有，对您是否都不管用?

丁雄泉：美国纽约的螳螂和老鼠比天上的星星还要多，多得摇头像电风扇。纽约每星期都有一些稀奇古怪的展览，我认为一点也不新鲜，都是挖空心思的老处女，弄一些碎石、枯柳来一个迷魂阵，装腔作势地包包小脚，用一些颜色涂涂地板。

新鲜就像一棵大树，春天来了樱花满开，雨过天晴太阳光在碧蓝的天空直射下来，把一切照得红红绿绿。说得更露骨一点，新鲜——一个生产后的母亲。

阮义忠：您画画前和画画后有什么不同？

丁雄泉：三十三次黑变白

我画画以前我是男人，　我画画以后我是女人
我画画以前我是枕头，　我画画以后我是孔雀开屏
我画画以前我是夏天，　我画画以后我是春天
我画画以前我是老虎，　我画画以后我是蝴蝶
我画画以前我是头发，　我画画以后我是青草
我画画以前我是桃花，　我画画以后我是花粉
我画画以前我热，　我画画以后我昏倒
我画画以前我是夜晚，　我画画以后我是白天
我画画以前我是地球，　我画画以后我是太阳
我画画以前我是大山，　我画画以后我是狂风
我画画以前我是冰箱，　我画画以后我是火炉

我画画以前我是茶叶，
我画画以后我是烫茶
我画画以前我是橘子，
我画画以后我是橘子水
我画画以前我是钢，
我画画以后我是桥

我画画以前我是木，
我画画以后我是船
我画画以前我是酸，
我画画以后我是甜
我画画以前我是树，
我画画以后我是树林
我画画以前我是摩天大楼，
我画画以后我是野花
我画画以前我是镜子，
我画画以后我是天空
我画画以前我是冰，
我画画以后我是雨
我画画以前我是冰淇淋，
我画画以后我是云
我画画以前我是大海，
我画画以后我是露水
我画画以前我是大火，
我画画以后我是夕阳
我画画以前我是大河，
我画画以后我是瀑布
我画画以前我是影子，
我画画以后我是早晨
我画画以前我是牙齿，
我画画以后我是蜜蜂
我画画以前我是烟囱，
我画画以后我是浮烟
我画画以前我是火车头，
我画画以后我是彩虹
我画画以前我是愤怒，
我画画以后我是雷响
我画画以前我是蛋，
我画画以后我是鸡

我画画以前我是烤鸭，　　我画画以后我是饭店
我画画以前我一千岁，　　我画画以后我是婴孩
我画画以前我及时行乐，　　我画画以后我乘风而去。

阮义忠：您打算什么时候开个回顾展，要您选地方，您选哪里？

丁雄泉：一想起回顾展就脸红，我一直往前飞，你有没有看过一架飞机开倒车？

选地方，当然是坟墓。可是我死后也不愿有坟墓，早在十年前我写在一首诗里——我死后一把火烧成灰，往抽水马桶一倒，一拉就是一江春水向东流。

我有一个女朋友的母亲也是画家，读了我的诗她要她的女儿把她烧成灰，倒在她夏天常去的海滩上，结果她死了，她变成灰，我还和她的女儿一起去海边游水，我们裸体躺在白沙上，我还开玩笑说：想不到你妈妈的胸脯这么软。

阮义忠：能不能谈谈您的诗，通常什么情感刺激了您，才会动笔写诗？

丁雄泉：自己是一座火山满盖白雪，不知在什么时候会突然爆发，把白雪喷上天变成白云。

上大饭店大吃一顿，甜酸苦辣一齐倒进胃里，又去厕所大解放，肚子空空如也轻得可以飞了，这时只要大叫就是好诗。

阮义忠：说起吃，怎样才算大大有劲？

丁雄泉：先来一碗百步追魂（毒蛇）的血胆，加上金门大曲混合的开胃酒。

炒蛇舌加韭菜

炒蜻蜓尾加杨柳

炒猪犀子加向日葵

炒象鼻加桂花

炒金鱼颊加桃花

红烧马屁股加冰糖

红烧老鼠奶加白雪

红烧蚂蚁加青椒

红烧雌老虎加醋

水果，冰冻爱情豆腐

阮义忠：有一天您的画没人要了，您的诗没人看了，再也没有人提起您了，落魄，潦倒，您打算怎样？

丁雄泉：你指的这类人，乃电影明星、政客、天主教神父、和尚、生意人，都是自以为人中龙凤，挤眉弄眼，千娇百媚的大忘八蛋。我的画根本不要人看，我的诗也不要人看，根本没有人知道真的我。我自己一直感到非常落魄，非常潦倒。因为落魄，孤注一掷。

因为潦倒，四大皆空。我的心好比天上的白云，与那些走在马路上的家伙根本没有什么关系！

阮义忠：一幅好画，一首好诗，有没个标准，在您看来什么样的作品才算好？

丁雄泉：没有标准。

好的画好的诗不是用冷眼旁观可得，马路上拆字先生写不出好诗，马路上的画像师画不出好画。"好"也没有什么稀奇，作品到了一种境界无分好坏，喜爱不喜爱也是你自己的事。

我讲自己的心得：先把大衣、汗衫、臭袜子一件一件脱掉，在大海里泡上一泡，再在大太阳下烧上一烧，再把你眼睛张开来望望蓝天，当你看蓝天自己也变成蓝天，那时候的白云就在你肚皮上飞来飞去。当你看大山，你自己也变成大山，老虎和梅花鹿在你的腋下奔来奔去。当你看大海，你也变成大海，鲸鱼、老鼠斑鱼、黄鱼、金鱼在你的嘴里游来游去。当你看到一棵大树，你自己就是一棵大树，从地中跳出来，樱桃、梅子、荔枝从你的手臂滑下来。

怎样才能变：就像天上的云雨，分与合，分了又合，合了又分。分是表现，把自己展成千千万万，合是吸收，叠结成网。这样分了又合，合了又分，把你周围的一切都合了去，就是太阳、月亮。马路上的小草、露水，狗尿、桂花也成了天作之合，或许早已合成了，你根本没有看见，对你没有什么关系而已。

阮义忠： 一张好画又到底有什么好法？

丁雄泉： 像一个好朋友，当你心里不开心的时候，它静静地陪着你，把天上的白云拉下来给你，把雨倒在你的杯子里，把彩虹推到你的屁股上，这样你的心花就朵朵开了。

阮义忠： 有没有令您佩服的当代中国画家？为什么？中国人当不成好画家吗？

丁雄泉： 据说好酒是不酸，有才气的人是不争风吃醋，中国五千年以来小气的人太多了，不是做皇帝乱杀人，就是做奴才乱磕头，碰一碰破口大骂，摸一摸饱以老拳。一动不如一静、一静不如一睡，睡吧！我们的老狮子，睡了五千年再来一个五千年。

阮义忠： 如果耶稣也是个画家，你会不会入教受洗信上帝去？

丁雄泉： 耶稣我从未见过，只是见到一些图片或教堂里的雕刻而已，在我的感觉上耶稣只是一根棒冰。

阮义忠： 如果有人要为您立铜像的话，您希望立在什么地方？

丁雄泉： 乖乖，不得了。最适当的地方是公共厕所的门口，在这个世界上唯一最真实的地方，大家都来这里脱裤子；独乐乐不如众乐乐。

阮义忠：以您今天的艺术成就，如果以军阶表之，应该是什么阶级？少将、中将，还是上将？

丁雄泉：当然是小兵了，当了七星大将不如去死了算了，假如一定要活的话，那真俗不可耐的烂，像毕加索真是烂得像一只鸡，连骨头都烂出来了，假如他早死四十年，还可以说是个大画家。最后四十年的作品，像生了杨梅疮的肥女，像一块猪油贴在这里，搭在那里，像一只蟑螂一样地奔来奔去。我看了常把刚吸进去的新鲜空气都呕了出来。多可怕呀！一个百孔千疮的美人向你做媚眼。

阮义忠：您说毕加索这么烂，那普天之下有没有比他更烂的人，当代有几位画家您觉得不烂？

丁雄泉：一只过了九十天的老苹果早已烂了，一头牛过了九岁也是上气不接下气，毕加索若是樱花一朵，那真太美了。自从一九四〇年以来，他一年不如一年，最后什么也没有，满画都是垃圾和技巧，俗又熟，像一堆臭黑的骨头。巴黎每年的五月沙龙就可看到每年当代画家最大最好的出品。不要说第一流的年轻画家比他好，他的画连第二流也比不过。讲颜色没有，气韵没有，境界没有，热情没有，虹彩没有，新鲜空气没有。大家都同意一个十九岁的女人和一个九十岁的女人，哪一个美丽。

阮义忠： 这样说来，毕加索、达利、夏加尔三人由您来打分数，您给他们几分？

丁雄泉： 毕加索一分

达利半分

夏加尔零分

阮义忠： 那由你看来，石涛、八大、李白、杜甫哪一个最该死？

丁雄泉： 世界上的人的精神、学问、爱情、理想，每每不同而四通八达千变万化。有一些人老是坐在那里，有一些人一辈子都在走，有些人跳，有些人奔，更有些人飞。

李白一直都在飞(黄河之水天上来)，杜甫一生都在走，走来走去走不出大门(朱门酒肉臭)，杜甫像一棵树生不出香蕉和橘子，只开一些没有香味的白花。李白是一朵白云，杜甫是一杯苦茶，一个天上，一个地下，天差地远根本不能相比。

八大一生下来就是飞的鹤，腾云驾雾的得意忘形。石涛像一棵不开花的野草，在风中装腔作势，僵硬思索，重重叠叠。石涛一开始作画就搞趣味，搞趣味恰似抓痒，抓了一生还是蓬头垢面。

现在全世界的画家在搞趣味的，不知千千万万——喂！你这个屁股怎么画的？那座大山真是有趣得很。嗳！这种新花样还没人画过，快快画！快快开展览会，不要被人偷去了。一个伟大的诗人、画家、音乐家绝对不计较技巧，有比技巧更好的东西。当然还有些坐在家里描画的人，极像老太太打毛线。

我到现在一直还没看见过一张惊天动地的石涛，石涛的画张张假的，就是石涛自己画的真迹也像假的一样。假的画和假钞票一样，在有些国家里是要枪毙的。

阮义忠：您说伟大的诗人、画家、音乐家绝不讲技巧，有比技巧更好的东西，那这是什么？

丁雄泉：又要讲一座大山。

对诗人来说，一座大山常常下雨，但又岭上多白云，雨过天晴彩虹开。

对画家来说，一座大山满开红红红红红、黄黄黄黄黄、紫紫紫紫紫、青青青青青、白白白白白的花，蝴蝶千千万万。

对音乐家来说，一座大山瀑布千匹、莺声燕语，谑浪笑敖，一气呵成。

一座大山只有秃树枯草有什么用，不下雨，没有云。不开花，没有蝴蝶。没有瀑布，不洒脱。一个真正的艺术家，一定是诗人、画家、音乐家合在一起。

阮义忠：您有没有自己一套很特殊的技巧？

丁雄泉：吐痰。

阮义忠：您有没有伟大的理想，假如给您无比的权力，您怎样改造世界？

丁雄泉：第一步是把全世界的钞票烧光。

阮义忠：假如现在给您一百万人，您要他们去做什么？去爱人？去打仗？

丁雄泉：把万里长城拆掉。

阮义忠：您有没讨厌的事？

丁雄泉：常常有太多的压力，我十分希望有九个身体，一个身体随便怎样总是不够的。

一个身体在东方吸气

一个身体在西方吐气

一个身体整日微醉

一个身体在月光下的云上做爱

一个身体裸体雨中草上飞

一个身体去银行兑现千万美金支票

一个身体与侠客大吃大喝

一个身体和蝴蝶随风飘流

一个身体和小孩一起哭

阮义忠： 还有没有更令您生厌的事？

丁雄泉： 有。

热眼看世界一切太冷

我要把天空漆成黄色，树漆成粉红，全世界资本主义国家的人都漆成金色，共产主义国家的人都漆成红色，自由主义国家的人都漆成七色彩虹。把全世界的汽车都推到大海里，把全世界的冰箱都抛到大山顶上，让全世界的人都有机会吃到新鲜的水果。

阮义忠： 你打算到几岁才不画画？

丁雄泉： 我死了以后还是在画画，你信不信？

阮义忠： 那你希望什么时候死？

丁雄泉： 每次做完爱的一闪，总是希望马上死。

阮义忠： 一定要您死，您选择哪一种死法？

丁雄泉： 牡丹花下死做鬼也风流。

阮义忠： 让您再活一遍，你打算怎么活法？

丁雄泉： 天从人愿变成一条大鲸鱼一生不穿衣服，大大圆圆，光光滑滑，闪闪湿湿，在大海底下飘飘欲仙。只是做爱、做爱、做爱。

阮义忠：要是您有一天不能做爱了怎么办？

丁雄泉：作一颗灰尘躲在花蕊里。

阮义忠：您失恋过没有，失恋过几次，每次都是甩了女人，还是女人甩了您？失恋时您如何打发自己？

丁雄泉：我自己就是一个玩具，玩女人时也被她人玩，玩腻了就甩，不管谁甩谁。失恋？那是处女的玩意儿。

阮义忠：何谓爱？

丁雄泉：一脚把自己踢进冰箱里去立立，

一拳把自己揍到白云上去坐坐。

阮义忠：性呢？几个太太对您最适合？

丁雄泉：性是一个大工厂，不断制造"新的世界"。几个太太？我看一万也不多。

阮义忠：您对哪一型的女人最感兴趣？您认为哪处最性感？

丁雄泉：我爱的女人像地球一样外冷内热，我爱大奶奶小屁股，雪白雪白的皮肤，墨黑墨黑的长头发，湿湿的眼睛，有意无意的雾中看花。滑滑的大腿像两棵香蕉树。软软的唇像蝴蝶。舌像鱼。金发美女拍拍照片是不错的。

阮义忠：和一个女人在一块最雅的是什么时候？最俗的是什么时候？您的画是雅是俗？您愿意自己是雅人还是俗人？

丁雄泉：最雅是痴笑上马桶，一面梳头一面唱歌，最俗是照镜装腔作势，哭着要钱。我的画一定雅又妖。

我的人雅更野。

阮义忠：女人是穿衣服好看还是裸体好看？

丁雄泉：穿了衣服的人始终是愁眉不展。

阮义忠：您爱不爱哭，印象中最深的一次，是大哭还是闷在被子里偷偷地哭，为什么？在什么时候？

丁雄泉：不爱哭，有一次切了三斤洋葱，听天由命地哭了一场。

阮义忠：您有没有自杀过，想不想自杀？

丁雄泉：每次我画一张画像自杀过一次，画成后从鬼门关回来，像初生的婴孩一样，一面哭，一面笑，对世界上的一切，再感到新鲜可爱。

阮义忠：您死了，希望别人怎么处理您的画？

丁雄泉：像秋天的叶子

一阵风也好

一把火也好

阮义忠：丁雄泉啊！听说正果并不好修，有人吃斋，有人戒欲，有人隐居，有人避世，有人以撒手西归而去印证，不知您要如何去得道，能否告之，大愿洗耳恭听。

丁雄泉：忘，忘。*

* 原文有 714 个“忘”，现略。

虽然我来自东方，我已背叛东方

谢理法访问记

半年前，我在高雄服役。难得有假，每每利用礼拜六、礼拜天的一天半时间赶回台北。坐车的时间就去掉一大半，只能在西门町溜达一下，再不就专程找个朋友聊起天来。因为时间紧凑，来回又得坐上十几个钟头的火车，所以一到台北就忙个不停，生怕浪费一分半秒。除了看朋友和办办自己的事情外，什么天大的事也不会使我腾出这个宝贵的时间。

一九七一年十月，我接受一项特别训练，在左营上了一个整月的专门课程。虽是初秋，南部的天气仍是那股挥不掉的湿热，所以一到周末就飞也似地往台北跑。记得那次正碰到军校的学生放假，每节车厢都堵满人，差点就攀不上去，挂在车把上挤挤挨挨地到嘉义才挤进里头，人一累就站着打盹，就这么在车上度过一夜。

到了台北，太阳还没出来，雾霭和尘垢把街道和屋子涂了一层灰。看看腕表才五点多。人早已累成一团，只觉得这个早晨也跟我

谢理法在其纽约工作室从事铜版画制作，约 1968 年。

累上了。火车站前的圆环被计程车串成挂着粗俗金属项链乡下姑娘的胸口，喷水池哭哭啼啼的像受了多少委屈似的。我从中穿过，脖子被溅了几滴水。抹一把，手心湿腻的感觉才使我意识到一天又过了。车上没睡好，脑袋顶着靠窗玻璃，扭到了，颈子僵僵的。想想没什么地方好走，找朋友又太早，刨冰店还得敲门。干脆顺着馆前路到新公园看太极拳去，好杀杀睡意，也可消磨个把钟头，再按原计划把这难得的一天用上。在馆前路上，远远地就看到新公园的博物馆大门，横着一条红布上面打着白字。又有画展了。心想在这个地方开展览的，总有两把刷子。如果再是那些水墨山水说什么也不光顾。

天已经亮了，路灯还一盏盏的打着。它的光被吞没在另一个世界里，只等下个夜晚吧。白字躲在深红底下，一时看不出是什么字。走到襄阳路口正好是红灯，没什么车子就跨了过去，在公园的大门口，抬起头。“谢理法版画展”。陌生的名字，以前从未见过，报章杂志以及画友中也从没听过。版画，只知道廖修平精于此道，陈庭诗、李锡奇也有这方面的作品，其他就生疏了。再看进去，博物馆呈现一种疏懒的神态。没在这个时间跑到这里来过，只觉得这栋建筑老了半个世纪，只活在沉睡的时刻里。再看表，六点三刻。走进去拐向右侧，推开旋转铁栅门，进了新公园。一时疲倦又来，也懒得看太极拳了，就找了棵树下，在铁椅上坐下，伸起懒腰来。

等我被吱吱喳喳的吵闹声弄醒时，才知道自己不知不觉地睡着了。一看太阳已在博物馆的屋顶上，日晷仪就在前面，黑的部分就那么一点点，把手一抬，表停了。一时搞不清是什么时候。公园里七七八八的到处都是人，打着花伞的情人点缀在树下、路上、草边、花旁。我后头还有一伙人咔嚓咔嚓地拍起照来。一个箭步向公园出口走去。要先搞清楚现在的时间再说。

推出旋转门，博物馆门前的石阶，人进人出，很少是看画展的。我心急如火，左拐就要出去。走到门口的那两尊铜牛处，习惯地顺手摸过去。铜牛身上有一些顽皮孩子削去的锉痕(大概是换麦芽糖去的，如果是的话，那该是很早的事了。现在哪里找用麦芽糖收破烂的人)，使我一时顿生艺术品就是被这些无知所破坏了那种怆然的感触。又想过来，难道我不是一样吗？对艺术的漠视岂不远胜于这种无知的破坏。一个画展有几个人真心的支持，有几个人真心的关怀。连自己是画画的都懒得去关心别人的画。我又摸了几把铜牛的肚腹，再回头看向博物馆，阳光将那半个世纪的苍老洗去。这座建筑又生气地坐在那里，用它的年迈来抵抗岁月，像是对着每个逛公园的打招呼。我往口袋掏出两枚铜币。进去再说，看看也好。

出博物馆时，我脑袋空空、毫无气力地一步垫一步踏着石阶走下去。在铜牛的前面我又停下来，左手又摸过去，沉甸甸的。我仔细地摸着那一锉锉的刀痕，惋惜着一件艺术品所遭受的破坏，心头直想说出：谢理法啊！你会不会像这两头牛一样，也被那无知、那漠视伤害到啊！

我无法说出谢理法的画给我多大的感动，只记得当初看凡·高传时，序言上作者斯通记叙他第一次看到凡·高作品的心情。那天我没去找预定要看的朋友，离开博物馆后到那家常坐的咖啡屋——天琴厅。泡在里头，掏出随身携带的记事本，第一句就记下这几个字：今天看到一个真正的画展，感动。

一个月的训练结束，我回到高雄的工作单位。一晃眼一九七二年的元旦到了，放了几天假，我又赶回台北。直到见了好友高信疆兄，才知道谢理法是怎么样的一个人。信疆兄主编《中国时报》“人间”副刊的海外专栏，一直都忙于和海外学人、画家联络。那天我们谈的话题还是兜着绘画的主题，谈到版画，我提到谢理法。就这样我与他有了文字上的交往，由信疆兄的介绍，我寄了一张贺年卡给他，之后我们就通起信来。因此我藉着信件请教他很多问题，由于他的作品和他的理论使我产生很大的兴趣，所以就兴起了访问他的念头。我将这个意思告诉他，他也欣然答应。由于他旅居纽约，我的访问就只有靠信件了。下面的访问记是以两封长信完成的，其中只稍微将前后次序予以调整，使讨论的问题更为充实，且能保持原有的书信风格。若讨论的方式有所偏失，那是笔者安排不当之故。

阮义忠：能否将您习画的经过详细地告诉我们，包括求学的过程，以及遭受的挫折。

谢理法：喜欢画画的人不一定就画一辈子的画，对画我从小就喜欢，可是在大学四年级的时候，有人问我“你将来是不是想做画家”时，我想了好久答不出来。就是今天，在某些场合里必须表明我的身份时，我才说是画家。这种场合是到纽约以后才有的。不然我还是说：“我是学生。”所以要说学画的经过我就不知道该从哪一个阶段开始才是。而且到目前我还在继续中。如果进师大是我学画的开始，那么那位教我如何考进师大的王建柱老师，是我第一个指导先生了。

师大的四年当中，我学了些什么？现在实在想也想不起来。那时候的同班同学，现在有四位在师大任教，他们正在培育下一代的画家。如果师大四年没学到什么，那他们又凭什么去教人？记得二年级的时候，许多同学跟着李石樵先生的入室弟子去请教李先生。带回来很多李先生的见解，一时在我们的素描教室里起了很大的影响力，被称之为“石樵派”。我个人也获得很大的启示。许多以前视之为当然的观念，现在都发生了问题。比如：利用线与面在视觉上的功能，表达出画与观画人之间的空间距离和画内的空间层次、画中静物之间的距离。过去我只是想把远处的物象模糊，就推远过去，然后又把主体强调出来就算完成一幅好画。虽然从李先生处学来的是间接又间接的东西，但很快就帮助我了解了在画册上常常看到的立体派的绘画。听说后来李先生被学生们请到师大来教书，其实他的影响早就在艺术系生根了。

在基隆市同乡会中，我遇到艺术系的前辈林书尧兄。每次见面他就讲解许多艺术理论，因为他用的是日语，我所能了解的极为有限。其中引起我最大觉悟的是关于如何理解毕加索的地方。他教我如何从年代的角度去观察毕加索的演变过程，而找出一个画家在追求过程中的时空因素。这时我试过一些用形与色所构成的抽象画。这类型的画我画了很多，但我只把它们当作实验性的作品。把方的变成圆的，把红的变成黄的又变成蓝的。同样的构图在不同的画中，利用不同的色彩来观察比较；反之以同样的色彩在不同的构图中亦产生不同的效果。我把心得记成笔记，以为是很大的发现。在某一机会里向高我几班的校友提出来讨论，结果我才知道这些他早在日文书中读到过了，而且比我知道得还要详细得多。诸如此类，绕了大圈子之后才知道事倍功半的事，在师大期间是经常发生的。

还有，在师大三、四年级期间，我几乎没有画过两幅相同风格的画。那时我每看到一种风格，回来就学起来了。第二张画里又改变一点，渗进一些自己的见解。第三幅、第四幅的继续变下去，一直到新东西又吸引我去模仿。很奇怪，那时我就从没想到要研究一下或画一张印象派的画。而且最引我入胜的超现实绘画也一直到快毕业的时候才尝试过六幅左右，其中一幅在毕业展中展出来。这时我展出的画全是不同类型的，好像有两幅油画是仿立体派的，一幅是音乐系罗慧美小姐的画像(写实的)，一幅是风景(海景)，一幅是超现实。另一幅水彩画，画得非常写实的静物，是我当时最满意的作品。这些作品都是在孙多慈先生的画室里画成的。从二年级开始我就在她的画室里作画，一直到我出国的前一年才离开，这期间孙先生为我找了几个幼童来跟我学画，收入刚好能维持生活和买画具。记得是三年级的那年开始我发了三个誓：(一)不参加画展。(二)不和任何人讨论绘画。(三)不交女朋友。这三个誓一直守到毕业，到底是什么缘故我记不清楚了。但当时我的确是下了最大决心才这样做的，同时也改变了我后来的命运。第一就是使我和本省的前辈画家们远离了，当然是因为我不参加他们的画展(台阳、省展等)，也不拿画去请教他们。因此对前辈画家们的观念和作画态度一无所知。其次就是摆开了儿女私情，造成了我晚婚的原因。毕业不久就能毫无牵挂地离开家乡，又能在巴黎为所欲为地摸索了四个年头。这期间是我一生中思潮最繁杂的时候。最近在台湾发表的所有文章，几乎都是那时候的笔记整理之后写出来的。

今天早上(笔者按：一九七二年四月十日)听了由台湾刚刚寄到的录音带，是我在台北开画展时，评论界所举行的座谈会的录音。顾先生(笔者按：顾献梁先生)指出我在巴黎的作品只有四幅，平均一年作一幅版画；而在纽约，只短短的三年就有五六十幅作品产生。这是他误以为我是版画家的缘故。其实我在这四年之间不知作了多少速写、素描和未完成的油画。还有，一九六六那一整年每个早上我都埋头作雕塑。留法前辈熊秉明先生每星期二来雕塑教室给我指导，他是个相当有智慧的人。所以这一年之间他为我打开了好几个结，使我认识了雕塑，也看清楚罗丹作品的全貌。别人都以为毕加索的《亚威农少女》是进入立体主义的关键，但我却以为他最早先的雕刻和剪贴式的素描才是引导进入立体主义的因素。这个因素也在我自己身上发生过作用，目前还一直影响我。

阮义忠：除了雕刻的研究和立体主义的启示，你还受到别的画派和画家的影响没有？

谢理法：我到了巴黎之后，有两个专题性的画展，给我相当深刻的印象。第一是巴黎现代美术馆的“光与运动特展”，出了一个专刊。说明人类对色、光的追求过程，由印象主义对光的新发现开始。其中也有舞台设计师、工程师、化妆师等参加，从他们工作中发现的对光与色的理论，真是视觉艺术发展的大观。这是一九六六年的事，同年在瑞士看到“太空幻想艺术特展”，包括小说、漫画、电影和造形美术。其中显示着：艺术家的幻想影响到百年后的科学发展，他们的作品刺激着科学家，扩大了科学家们的思考范围，将科学家们的假设形象化，替科学的发展定下预言。以上两者是不同路线的画展，但却以相近的形式展示出来。所展出的空间已经有全新的意义，他们在室内利用了暗房里的照明，使人觉得只有作品的存在而无空间的存在。而且具有相当尖锐的现代感觉。这种现代感是物与人性之间格格不入的地方。是一刹而过的光，是上下四方以玻璃架成的空间，是雪银色的人体，是要人从它中间穿过才能感受到的造形，是最精密的线之组合所产生的时间感觉。这些都是在我内心里已存在着却无法形象化的东西。而他们通通为我一道而尽，使我痛快了好些日子。但这次的激动却引发我内心的反抗。我开始抓住这个人性和物格格不入的冲突感觉，首先是放置人体于电话亭之内，外面放置穿透明衣物的人体。逐渐地简化成体躯和电话亭，最后演变成婴儿和玻璃箱。如果我取去了婴儿，则画面只有玻璃方块，内心里会像失去了一样极重要的东西一般地感到难过。这是从农业社会中长大而培养成的对生物的感情因素，不如西方人之能一了百了。农业社会的亲情是人与人之间建立情感交流的桥梁，亲情里包含有多量的道德和伦理传统，但经过工业文明的反射之后，就可看出其间存有的矛盾，这矛盾只是因为在道德观念的维护之下没能显现出来而已，并不是没有，而是看不到。这种矛盾所产生的冲突成了我以后系列性表现的题材。真是像把握了些什么似的，我认真地作画，也像是在解开内心的结，一步步地走下去。这时我内心里从未有过的愉快都在画中获得了，也一度曾感到这是我一辈子应该继续走下去的路。

阮义忠：您在个展的艺术观简介中说，您“必须排除感情因素，减低生活的感受在绘画思路上的刺激，把各种创作过程中可能有的因素交给理智去处理”。请问，您的意思是不是，情感上的激动对作品本身只有碍事，而理智才能达到处理上的成功？这是不是牵涉到欣赏者的共鸣条件；人的共鸣建立在感性中，而您排斥生活的感受是不是间接地阻碍了欣赏者的领会途径？这种作品给人产生的隔绝感是画家或者是欣赏者的责任？

谢理法：我是个非常容易受感情困扰而动摇的人。意志随着感情的波动，使我无法坚守一个原则。尤其是对艺术的追求。

我自己知道我有一个特点，就是有敏锐的感受力，然而我又无法控制自己的思路，所以造成了飘摇游离、无所适从的情形。所以我说我该排除感情因素，这个对于别人是无此必要的。对了，谈到这里我想起了一件事，在台北的评论家们，总是以主观的态度来写文章，所以每一句话都带着我们应该怎样的语气。当别人读到我对我自己的检讨或自评的时候，在习惯上就成了我要别人如何如何的误会了。对于我自己，在其他时候也是没有这需要，所以这话是针对我个人在这一阶段里的要求而发的。也正是我力求玻璃箱里的“爱情”从画面上消失的努力，这个努力我是达到了。但也正如您所说的：我和别人隔绝了。还有，当一个画家陷入创作的困境时，他是不是会想到他的观众。而我偏偏永远陷在这种困境里，看不到自己的观众。所以我在美术杂志的一首诗后面说：我以画来追求，画是留下来的标志，是否是艺术我没考虑到这些。当我的画要脱离我，去和别人生活在一起或者去接受别人的批评时，我就会尽所能让它和别人兼容，所以我非常钦佩其他的艺术家们，他们能够创作出那么可亲近的作品来。

阮义忠： 我之所以向您请教“排斥情感因素”这个问题，是因为某些评论家认为情感才是作品内容的骨干，他们唾弃理智的干涉，而您正好要排斥感情因素。关于“排斥感情因素”除了使您能坚守一个原则外，还有没有牵涉到绘画“内容”的问题，您对艺术创作和情感持何看法？

谢理法： 当我还是比您更年轻的时候，我和一些女人之间的爱情，最后总是不了了之的。因为当年的我只是为了发泄情感而去爱人，所以爱完了也就完了。后来我的一个好朋友，他的名字我还记得是高秀雄。他的话深深启发了我，那句话是：“爱情要不断地创造，创造需要相当分量的理智和耐性。”爱情尚且如此，艺术创作还有什么话可说呢？

“艺术的内容”就是“生命的内容”。

“生命”需要“爱”，但是“爱”不是“生命”的全部。

“爱”需要“感情”，但“感情”不是“爱”的生命。

艺术创作和感情之间的关系是这样：

① 作家带着狂热的感情在创作着。

② 作品之中表现出作者的感情。

③ 观众在作品上感染到作者的感情，或作品激动起观众的感情。

我们反过来看：

① 蜡烛本身就是个伤心人？

② 蜡烛流下来的是不是眼泪？

③ 当人在伤心的时候看到蜡烛在流泪。

我想艺术内容和感情正是蜡烛和伤心人吧。

艺术的内容包括：

① 有对象的述诉。

② 梦幻的追寻。

③ 对神灵的祈祷。

④ 在技法中表露出来的性格。

⑤ 对新的意象或形式的探求。

⑥ 问题的揭露或解决。

总归一句：感情是支持力，理智才可以把艺术培植长大。

阮义忠：“婴儿和玻璃箱”这系列的画和你后来的版画给人完全两样

的感触。听到一些人说，“婴儿和玻璃箱”是你情感的一面——在工业文明下对自然生命的怀念；而版画是理智的一面——对工业文化的礼赞。别人以您这种体裁和表现手法的不同，来作艺术内容的分野根据，您自己认为如何？它们在您的创作过程扮演什么角色？

谢理法：我曾是感情易于泛滥的人，像一盆肥皂水，手在水中一拌，盆子里满是泡沫，它出现得很自然，我也是曾经把它当作我的创作。这种不定型的感情，是可爱的，却是不可捉摸的，也是不可信的。不可信的东西不能永恒，是一堆说不清的理与情，这种泛滥着的艺术情感，时兴时没，没有一个完整的面貌和路向。随着个人的年龄和成熟，必然会要求用永恒的形骸来容纳自己。这时候我要“排斥情感因素”。有了静如止水之心，方能阻止泛滥再起。

“婴儿和玻璃箱”在我的创作过程之中所扮的是非常可爱的角色，但这个可爱角色为我带来了许多困扰——如何发展下去呢？形的问题、色的问题，都使我感到自己的眼睛不够敏锐，都必须单独提出来演练一下。绢印正是演练的最佳手法。

对“工业文明”，以一个像我这样随时随地要阻止感情泛滥的人，绝对是产生不出“礼赞”来的。“工业文明”和“自然生命”之间是没有“关怀”的。其间更可能的是对自然成长秩序的“阻碍”，应该是“矛盾”才对啊！“婴儿和玻璃箱”所包含的是“对立”和

“矛盾”。被人误为“关怀”和“礼赞”真是要命！我拍起工业的马屁来了。

阮义忠：谈到工业，使我联想到我们一直所困惑的风格问题。您的近作使用的技法大多是工业化的。请问您的秩序建立在工业化的表现中，是不是有更具雄心的计划，或者仅是说明工业，而您是否仅以说明来满足自己的创作生命？

谢理法：不错，我的技法是“工业化”的，可是当我的技法和其他美国人、日本人的特殊技法相比较，我是太手工艺了，因为许多类似照片的东西，我是用手画成的。他们的特殊技法没有去参观过，他们的工作方式是无法知道的，而他们的工作室往往是一个小工厂。我的画在说明什么呢？这个我是很难讲解的，就是说出来也不会正确吧！也许我什么也不再说明。与其说我在创作，不如说我在寻找。

阮义忠：艺术似乎是由说明宗教才开始发达起来的，到现在演变成说明自己在这时代的位置。风格是不是就因“说明的对象”和“说明的方式”来决定的？

谢理法：综观在“现代”有成就的画家，他们的作品必有其现代的面貌，但其民族性的面貌却非常模糊。我们说美国画家，其实追究起他们的根源，往往是欧洲出生的或在欧洲受教育的。在巴黎

谢理法早期版画作品。

也是一样；以色列的画家很多，可是他们已经参与这个集团，成为别人社会的一部分了。所以“自己在时代的位置”中的自己是绝对的自己。并不背有祖先的遗产，或者因他来自往日曾经繁荣过的土地，而在显耀自己的历史地位。因而所建立出来的风格是属于他所生活的社会中应该或可能产生的风格。所以“方式”和“对象”是多方面的。好像我看过的那两个画展：“光与运动”和“太空幻想艺术”。每一会场都有一百名以上的画家参加，他们“说明”的“对象”是共通的，但他们各有不同的“方式”。又，如果我拿前者的电动三棱镜和后者的电动三棱镜来比较（笔者按：指展览中所用的展出形式），则他们又是以相同的“方式”去“说明”不同的“对象”。这里，我们看到了“现代的全貌”是：由所有的画家各本其不同的“方式”，去“说明”各自的“对象”。

又，每一种风格里头都有一个以上的问题存在。问题就是生命。生命用各种方式去“说明”问题。当解决之后又有新的问题，我以为这是创作的源泉。所以我是紧捉着问题，不停地在解决问题的工作家。有时这是一种劳力的工作，有时又是极为劳心的工作。

阮义忠：您在个展中有一系列的作品都是用同一个版拓出来的，只是颜色不同。请问这种手法，您是想表达些什么，是不是企图用色彩的冲突解释不同的秩序感，来证明您的色彩磁场对造形结构的影响？

谢理法：《色彩磁场》是一篇文章（笔者按：刊于《美术》杂志十五期），是我对美国某一支现代画派路线的评介，并非对自己版画的说明。在我的版画上产生不了色彩的磁场。至于不同色彩在同一版上拓出来的做法，几乎所有的版画家在他试版的时候，都要先以不同的颜色试出好多张，然后选用一张。我之所以要同时展出来完全是针对台湾的版画界。版画是能印成多张的，独张版画可以列入油画或水彩画，却不应该归于版画之中。我的技法并不算上乘，能印成我这样是最起码的条件。对于不能印出两幅相同版画的人是不应该被列入版画家之列的，虽然他的作品是一流的艺术品。其实可以将这作品交给版画工厂代印，再由他亲自签名。

阮义忠：照这样说来，您对版画的定义好像是说，创作技巧决定了艺术形式。"工业的"、"手工的"以及"不能印出两幅相同版画的人，是不能列入版画家之列"，这个看法是不是说版画是工业的，而不属于工业的艺术作品是非版画的。工业的创作技巧是否是您对版画的定义呢？

谢理法：我的意思是"创作的技巧"决定了"版画的定义"。至于这个定义——"不能印出两幅相同的版画"是为了限制版画的价值而定下来的，与艺术的全意无关。

我个人对版画尚未下任何定义，我说的是一般版画从业者的看法：不能印出两幅相同"版画"的人，不能列入版画家之列。但是任何人都可以有版画，因为他可以在别人的指导之下完成，并且由他人代印。夏加尔、米罗、达利等没有不是这样的。

阮义忠：很可惜我们不能看您的雕塑作品。对雕塑的空间研究和造形上的努力，对您以后的绘画有什么影响？而在雕塑的空间和绘画的空间中，您作何看法？它们所以是两个不同的艺术形式，是否是因本身空间次元的范畴而分道扬镳的？现代艺术中有人主张绘画也应当力求三次元、四次元的空间表现，就像那两个展览——“光和运动”、“太空幻想艺术”一样，已经没有平面的绘画和三度雕塑的先天限制。一切艺术形式都可以借重所有视觉、触觉、听觉甚至嗅觉上的感受来表现。这种打破原先的范畴是不是影响了艺术形式本身？本来，艺术形式的成立是以“感觉材料”和“感觉形式”作为基础的，今天的艺术似乎打破了“材料”和“形式”，这是艺术的改革还是危机？

谢理法：关于这个问题，我必须先提醒您一个事实：在海外，艺术家们所涉及的艺术领域一般说来比台湾的画家广。在台北时我们常听到有水彩画家、油画家、国画家或新派画家等。当然啦，也有版画家。在海外，一个艺术家的一生中，要领教许多种不同方式的工作内容是势在必然的。比如绘画和雕刻之外作版画(几乎所有画家都作有版画)、拍摄照片或电影、设计舞台或剧装，有些能写诗、小说或剧本；还有能自己制造或改装汽车等机械的；能表演现代舞演唱民谣的就更多了。在这当中，不论这位艺术家从事哪一类型的活动，所表现出来的风貌都可以看出他的连贯性来。所以艺术家的创作活动，整体上看来就是四次元的空间了。同时他们的材料除了颜色和纸(或布)之外，有摄影机、胶卷底片、灯光、音响、故事、述说、本人身体的运动等。每一种“材料”和“形式”都会有问题出现，在雕刻上所出现的问题也许在绘画上获得了解答；在舞蹈上所表演的问题也许在雕塑上获得解答，所以在互相刺激互相呼应的情况之下，一个艺术家或者这社会的文化艺术，才能酝酿出丰盛的“生机”。至于“危机”，则要在一种情况之下，就是“到此为止”或“非此莫属”的独一无二的情形之下(或压力之下)才有可能。何况人类一开始从事艺术创作就不是在二度空间作画的——Altamira(西班牙史前穴画)就是一例，此文我最近在《中国时报》发表(笔者按：刊于一九七一年四月三日、五月一日、五月二日三天的海外专栏)。

阮义忠： 绘画、雕刻、版画，哪种是您追求的最后目标？对您来说是不是有一种艺术形式在表达和探求的方面，比其他艺术形式来得更贴切？或者诸种艺术形式并没有真正的区别，是您表达和探求的面目不同而已？

谢理法： 绘画、雕塑、版画都不是我的最后目标，正如我所说的是互相刺激、互相呼应、互相配合的。对我来说似乎已经没有任何一种艺术形式在表达或探求方面，能永远地和绝对地比其他艺术形式来得更为贴切更为适合。随时随地它们都有出任主要角色的可能，到今天为止我所涉及过的几种艺术形式，都曾极适切地满足我。目前我只缺乏更完备的摄影器材和人力去拍摄一部影片。我一直很希望让所有的艺术形式合力起来，看看它们的整体是个什么模样。

阮义忠：您认为作为一个创作者有没有权利或责任要求欣赏者了解他的艺术符号，以及他所探求的东西，使形象语言为大众所了解和传递？

谢理法：我认为创作者有责任要欣赏者了解一切，所以这又牵涉到理性的问题了。这个“责任”也只有理性才能作适合的安排。感情的沟通往往是对某一等级或某一类型的人适合。和绝大多数的人是一大隔阂。比如说，您爱您的亲人是应该的和必然的。但这和我又有什么关系呢？何必说出来，说出来反而觉得肉麻。在中国，我们不希望某一画家的个人水准达到国际水准，而和国人完全脱了节。他的成功只能表示中国人的脑子不错，但对中国文化毫无帮助，因为他的艺术不是在中国的社会形态之下产生的。一部真正的中国现代画史，某些人的名字包括我自己是不应该被列进去的，也就是说这些人所用的符号和所探求的东西，不是针对中国而产生的，如果这位艺术家必须透过文字才把自己的符号说明出来的话，那么他的作品是造形和文字结合起来才完成的。通常艺术家偏重于造形，而尽可能地不假借文字，但去年在古根汉的国际展里却有一半以上是文字的，叫做 Programe。主要是四次元空间——时间的表现。我想，靠文字来弥补是无济于事的。

阮义忠：您对今后的创作有没有新的意念？您觉得艺术家是不是有一种对自己创作路线的先见之明，这先见之明会不会影响到创作方式？

谢理法：自从到达巴黎之后一直到现在，我努力着在分析自己的构成因素，同时也在尽可能地去了解中国，所以这一年来我读了不少中国书，和不少人交换意见，尤其喜欢和过去在北大读过书的人闲谈。似乎已经可以预知我今后的方向是和中国的土地逐渐在靠近。但我所指的决不是那些“中国现代绘画之路”的个人主义论。这中间理性的成分依然胜过感情。

阮义忠：对于版画的前途您有什么意见，是不是会取代平面上的绘画和立体上的雕塑的位置？以前版画一直没能和绘画和雕塑平行，这是它本身的问题，还是艺术家的问题？

谢理法：什么也不能取代什么。一句话我极不愿意说但又非说不可：版画的商业性多于任何艺术形式。

版画之所以兴盛一时，完全是社会的经济因素使然。我并不希望花费太大的精神在国内推行版画。但是要使艺术“大众化”，使喜欢艺术的人都能藏有他们喜爱的作品，使国内每家、每一块墙壁都挂有一幅画，推行版画又是非常值得去做的。因为我的理想是中国艺术的普遍提高，而不是某些尖端人物的个人表现。我痛恨的是个人扬名天下的江湖作风。历史所要求的是，我们这一代的画家做了些什么，而不是我们这一代出了什么大画家。

阮义忠：你认为有没有立体版画的可能？版画追求空间的方式会不会像绘画追求空间有那种歧义的发展，甚至应用了感觉的革命？

谢理法：一九六五年我去了德国，看到许多立体的版画，拍了照片带回巴黎给廖修平看。他却说：“不要骗人！”后来他自己也看到了。这可以知道在一九六五年之前版画已经立体化了。这并不是“歧义”的发展，凡是可以用一个模型复制出两个以上相同的东西都在版画之列，所以许多用模型所铸造的雕刻（以塑胶为主）都在国际版画展中出现了。

阮义忠：如果有人称您为“版画家”和有人称您为“画家”、“雕塑家”，你是不是以为别人的称谓无所谓？如果站在自己的立场，您希望自己是哪个“家”？

谢理法：我非常不喜欢“版画家”，所以我也不希望别人以“版画家”来称呼我。可恨的是，一开始在台湾，就以版画家的面目出现。当时我只是为了寄运(笔者按：指画件的寄运)的方便才这样的。如果我可以选择的话，我希望自己是雕塑家。当然也不顶适当的。这是代表自己的行业，而不是地位。一个成功的画家和一个成功的农夫有什么分别呢？善于弄文笔的人，喜欢拿最空幻的感情作笔墨的迷魂阵，说它有多高深就有多高深。当一个自命清高的文人士大夫，就好像已经爬到群众的头上了。但我只以为那是最可笑的小丑罢了。

有段最可贵的中国近代画史，已经被大家淡忘了，那是“抗战文艺”，当艺术家们的创作生命和整个民族的命运紧紧地联系在一起的时候，没有人会说那是当时的“现代中国化”。我们已经把这一阶段的中国绘画传统忘了。这时代没有什么成熟的大作，也没有向国际艺坛进军。但是举国上下民心的倾向，都在艺术家的画笔之下。当时的国运是一个新的现实。这新的现实必然向艺术家要求反映它的特质，也向作家提供了新的美学基础。真正的中国人的艺术家受到刺激和感动是必然的。所以各阶层各派别的作家从各自的视角来反映这新的现实，这就是中国的绘画，也就是“中国画”。这时候以版画为主的当然是木刻。我正在努力收集这方面的资料，想起当时的青年抱着从军报国的大志，而今天的青年抱着远渡重洋的大志，他们不是逃兵是什么？这是整个社会所形成的畸形。

所以今天的中国画家，不是学几百年前的古画，就是学习西洋人的形式。更有人以为只要把这两者并在一起就是新的中国画了。忘了刚刚过去的传统——昨天，就无法把握住今天，那如何去开拓明天呢？

对于五十多岁的艺术家前辈，我常表现出奇的尊敬，因为历史要的是，我们这一代做了什么，而不是出了几个大画家。前面我也提到过了。说到这里，就感到自己之于祖国已是微不足道的一个人了。

阮义忠：最后我想请教您一件事，您在个展的简介中写的："虽然我来自东方，我已背叛东方。"请问您背叛的动机和目的是精神上还是技巧上，或者是作品本身的美学基础？这个背叛对您有什么意义？

谢理法："背叛"是自责的话，乃出自我个人之向往东方的心意。但我却发现了近年来之努力是往叛离的路上前进，而不知何时方能寻回自己的土地。

要"寻回"的是：我的土地，我的本质，我的根源。我是在怎样一种"气候"中长大的。分析我的生长环境后，发现它包含着些什么，和老一辈的画家们有什么不同，和同辈的画家有什么不同。当你找出来之后，你一定被视为背叛了。所以我先"自责"。这一点，完全是对自己文化背景的重新估价，这是极端不愿意而又非承认不可的事实。中国丰富的文化遗产是我们祖先所创造的，我除了拿它给别人看之外，自己创造了些什么？这又是一个“自责”啊！

后记：因为和海外通讯诸多不便，此篇访问稿未能先呈谢先生一阅，所整理的对话有失误之处，应由笔者负责。

一九七二年五月十四日于金门

美术不要忘了做“文化作用”的事

庞曾瀛访问记

首先要说的是，这篇访问记以及今后将陆续在《幼狮文艺》发表的访问记之能完成，全要感谢画家谢理法先生。谢先生很热心地替我介绍了很多旅居海外多年的画家。他们之中有定居或暂时旅居在欧洲、美洲等地，最久的也在海外待了近二十个年头。对于这些很有成就的前辈画家们，因为时间的关系，我们不自觉地就陌生了。无形中对他们创作的发展难免有距离感，在艺术思想上也有了隔阂。今天，无论在哪方面看来，要使我们画坛自己能坚强起来，首先要做的就是消除这个陌生感；化解这段距离和这种隔阂。当然啦，在这方面我们就和这些海外画家有重新认识的必要。这一系列的访问记，就是基于此一需要所做的一个努力。笔者力薄智庸，要担这个担子实在吃力，但这毕竟是一项有意义的工作，需要有人来从事。

庞先生这篇访问记，侧重在艺术和文化前途的课题。从整体看来，虽被对话的一问一答方式所限，但庞先生恳切的胸怀却将全文

庞曾瀛在画室，约 1970 年。

引成一连串的呼吁，这不是口号，不是唱高调，而是我们今天迫切要认识的问题和必须廓清的观念：艺术要有用；没有用的就不算艺术。这是艺术在文化中所负的责任，也是艺术能在时代中存在的条件。

庞先生从小就在北平萌长他的艺术心灵，因家住中央公园(后改名为中山公园)后面的河边，所以暑假天天跑公园，就在公园里认识了一位卖扇面的国画家刘延年先生。于是这位原是画家而后又再度入学的老学生刘先生，就被请入庞家当家庭教师。这是庞先生的启蒙，在十四岁之前的六个年头中一直接受他的指导。十七岁庞先生进了北平的京华美术学院，学了四年西画。毕业后又到日本深造，进东京大学美术学部研究科念了三年，攻美学及构成研究。学成后回到北平国立艺专任教，并在自己的母校京华美术学院、玫瑰女子美术艺专、邝县的师范美术专科学校等处做过讲师、副教授、主任等职。一九四九年，随国民党政府赴台，继续任教艺专。庞先生一生的青春都贡献在教育上，旅居美国后才离开杏坛而专心从事创作。也许他现在所极力呼吁的“艺术实用论”，是得自他多年来教育生涯中的体会。

庞先生的画如他所说，是本着自己的信念在画。他说自己的画跟不上目前的新潮流，他的画是“旧”的。这是多么真诚、坦白啊！而“新”、“旧”也该如他所说的，并非以“潮流”来定，而应以“信念”之坚强与真实与否来定才对。也许今天我们的艺术新得太匆促了一点，我们需要那些比较接近我们的艺术。艺术首先应接近我们，然后才能提升我们，将我们推进文化里，而后又将文化推进未来的时代。这该是艺术的功用和使命吧！

这篇访问记虽用书信方式讨论，但往来的信上皆用口语方式，尽量做到面谈笔录的效果。在进行中承庞先生寄来很多作品照片、幻灯片及生活照和一些可贵的资料，除了帮助访问顺利完成，对笔者个人也有甚大帮助。一并在此致谢。另外，庞先生也回答了我有关美学和西洋思潮演进的许多问题，但为使此篇访问能成为独立的单元，不得不将这些可贵的答复割爱，有所阙失则请庞先生和读者见谅。

阮义忠：这些年来，在台湾很少听到您的名字。当然啦，在海外您仍是那么活跃。您的画、您的文章在此间都沉默了一些时候；突然间，在第二十期的《雄狮美术》看到您的大作，文中仍是那么慷慨激昂。是什么原因使您在这时候对台湾画坛充满关怀之情？

庞曾瀛：我一向笔懒，再加上实在没有空闲，虽然有些事情是该略分轻重或不容忽视的。但是，时间只有这么一点点，压在身上的事情经常使人透不过气来，奈何。

我本可以默默地在这里混上一碗不太忧虑的饭吃，我并不在乎别人误解我的想法。不过今天不同了，我的家乡不容我们因传统的习惯礼貌而缄默下去。多少年来我喊的就是“美术不要忘了做

‘文化作用’的事”。“文化”，“文化”在台湾喊了将近二十年，没有引起什么反应，我才写了那篇“国家兴亡文人有责”的文章(笔者按：指第二十期《雄狮美术》上的《艺术创作与文艺复兴》一文)。其实那不过是说明一点理由而已。只是这种理由太容易得罪人，我很清楚，有些人会因此而不谅解我。想起来也真是难过，这样一个简单的道理，随口讲讲“美术与文化”，大家都会开开心心地含笑点头，讲明了道理却就得罪人。但是，今天我们还能空谈吗？还能空口自戴高帽子，自赏这顶“文化”冠冕吗？我希望，祈望，大家原谅我。我衷心希望我说的全是错话，而我必须为我的信口雌黄而道歉的理由，老实说，乃是这总比我为中国绘画危亡忧心的滋味好受点。

阮义忠：您这篇文章特别重视“艺术实用问题”，“实用”与“文化”在您看来是分不开的。请问，艺术在文化中要如何去实用呢？

庞曾瀛：我们不能否认“实用”的重要性。“实用”的“现在”意义，该与“创造”“未来”不发生冲突才是道理。一个不事创作的文化中坚，您想还能谈“将来”吗？“实用工作者”学来就用，我绝无反对的理由，一个国家假若人人都是学来就用的“实用家”，这还了得。

艺术不创作就失去了“艺术家”的工作意义，我一向主张两个不变的目的，当然都限于“纯粹实用”以外的：一就是文化工作中

“创作态度”的重要，二就是读书用功的“研究态度”的重要。对于第一点要做到不以先人风格为止的表现态度。第二点要有不以书本范围为止的读书态度。其实两者是二而一的，并无分别。

我们历史悠久，历史本身资料纷繁，但是经由书本留下来的才有多少东西，比起十年来《中央日报》的字能多出多少。一套《二十四史》比诸中国几千年实实在在的经过，是不是沧海一粟呢？文史之理都是如此自然，科学更不必说了。大自然之间我们才懂多少？以本书为止的读书，该限于“只为实用”——马上要用，当然应该集所有前人经验的结晶与做法。做事重要，进步也重要。现在实用重要，未来的后果同样重要。文化工作者做事读书与为实用而学，绝对是两件不同性质的事。我的希求就是祈望朋友们弄清这一点不同之处。崇拜书本是求知的捷径，却不是唯一的真理，其中可研究之处实在很多。当然，前人心得是无可否认的可贵。老实说，国家危机假若不太严重，这些问题并不是我有兴趣讨论的事——身在番邦，才会感到家乡的可爱可贵，在这个时候我觉得有些话就应当说。

阮义忠：说起艺术的实用性，使我马上就联想到艺术的起源问题：艺术起源于情感需要。人需要把话说出来，不管用什么媒介和形式。这需要本身就是实用性了。而现在有些人却一直主张艺术不应该和任何有“实际作用”的事混在一起。难道艺术是一种能借

“需要”来完成，而不能成为被“需要”的东西吗？

庞曾瀛： 不要勉强将艺术的起源归纳于任何一说。人类有两个特点：一面是欲望要求，一面是智慧能力。这两面都表现在我们的“感”、“思”、“行”之间。而纯粹良性的感、思及行的智慧与生命的表现结果，就成为艺术、哲学与科学。

为了生活挣钱，为了打官司请律师，为了谋生读工程，写信件、公文，等等，这都是实用。人生要说全部都在实用中也不夸张：这其间有所差别只不过是有的行为是有要求或作用的，有的行为是有目的的，有的行为是照希望而达到目的。问题只在：（一）有的事在进行时，一面在考虑其目的或想及条件的问题，而事情就在这种一面做一面想的情形下配合着进行。（二）有的事随随便便，没有顾及条件和目的，如“吹口哨”，但它本身也有隐性的作用。但是，另外某种行为如发明或改进等，这种事成功了，很好；失败了，半文不值。只是即使成功了，它离真正实用的阶段，有时还需要一段漫长的路程。这种工作每每有饿肚皮之虑，不能凭它找职业谋工作。但是，它是国家文化未来仅有的希望。讲来讲去，这也是一种实用的行为，不过我们可将它分成明显直接的、隐约间接的、未来的三种性质。另外还有好坏之分。不过，这我们暂且不提。

“非实用性”在朱光潜本着克罗齐美学思想而写成的《美感心理学》（笔者按：即指《文艺心理学》一书）之后，中国多数艺术工作者都受其影响。这种哲学性的美感解释本来应该多彩多姿、任人选择采用，但在我国却显得“只此一家”、“无容选择”，非吃不可的现象，数十年毫无改变。凡事都有因有果，由一个作用到另一个作用，喝水、吃饭、伤风、头痛，虽不能说全是实用，但它们都有其作用存在。于是问题就来了：这非同小可的“艺术”会没有“作用”吗？有了作用能不讨论其实用意义吗？谁能说艺术不发生作用。朱光潜与克罗齐之“非实用”论，不过是想提高“美感”的“雅格”而已。“非实用”一词的解释到今天为止，除非处处另加批注，才能独立成立而适应于人类许多行为之中。你想，“美感”本身就有美感的作用，非要说“涉及实用，美感就消失”，而不去想“不想到实用的本身，就是一个实用价值”，这岂不是很无智的吗？况且他特别提出的“实用”只是我前面所提到的第一种实用——针对欲望要求的现实中明显的“实用”性一类而已。

其实“有用”、“无用”都是过分夸张之词。“有用”也会把艺术引入偏途，而把艺术弄成漫画、插图一类的东西。但是朱光潜夸张了“美感无用”说之后，弄得后人不得不费一番功夫，说他所说的“无用”不是指艺术，而是分析“美感”中的一项条件而已。正如他所说的什么“合一”、“距离”等。而后人多数误会了艺术的用途，却没有误会艺术是合一的或距离的。这就是因为“无用”很像是指着“艺术”而言的。其实它是指“美感”。

阮义忠：艺术的情感需要或许会因时代而改变其面貌吧！譬如说，情感需要被其他的东西代替，被这代替品满足了，所产生的艺术是不是将完全超越现在和以前我们所拥有的艺术形式。或许有人会说，人的情感需要不可能被其他东西取代，但谁又能肯定。

庞曾瀛：我们生命之中的东西实在太丰富了，但艺术创造是“感与智慧”的结合（笔者按：此处所谓的“感”不只是狭义的“情感”）。情、欲、感，究竟该如何分别？我们脑子里好像有这么一点分别，只是最好不要说出来。说出来准错，这是件说不明白的事。好，艺术是“感与智慧”的结合，“感”中常离不开“情”的成分，但并不是绝对的。这有如两道黑烟，引起我们去构成一幅作品。形式引发形式；音乐，舞蹈，绘画，可举例的很多，其中牵扯到情的问题就似乎在“有关”与“无关”之间。因为“感”中多少总有些“情”在内。最好我们不必非把感情拉进艺术不可；表现主义至今一本其传统的“人文精神”，颇有“非情即空”——一无所有之概。但今天的绘画，有许多创作是纯粹“感与智慧”的结合，不是分析不出“情”的因素，而是不一定要有专着眼于“情”字上的必要。因为现代的艺术形式是启发一个不可知的文化未来。这个未来的显现并不一定要重视传统文化，但也不可能录用若干人文的传统精神。最重要的一点，就是“自由至上”——“情”字的自由选择重于传统“人心至上”的唯一信条。

“感与智慧”的结合是灵感主义的简明说法。我们打个比喻：我们只想住舒适美丽的房子，我们也想有个可爱好看的环境，这其中的心理向往不一定有情感的式样因素，一间间小房间为了要让人住，他们没有想把人文的特殊表现加入这种小房间里。房间要看起来美丽住起来舒适，不一定要非人文不可。所以古代的建筑艺术只发展庄严华丽的庙堂宫殿，而无法发展到平民住宅上去。当然啦，社会制度也是个原因。今天的艺术是千万人共同需要的，因为大量需要，所以非配合“实用”和“工业”不可。这是息息相关的。因此艺术无法只限于“人文至上”的小圈子。但人文并非全然消失无踪，所以表现主义的作品仍能照旧发展。表现主义——现代表现主义，接近表现内在的许多个性流露，也是在艺术创作的范围。所以我们只能说有些艺术很重“情”。但纯粹形式主义的作品中，寻找“情”的内容，就好像不很恰当。所以“人文内在”在今天，不能像当初那样高居宝座了，充其量只是主席团中的一分子而已。

阮义忠：现在让我们谈谈您吧。您自己的画从学习的经过到目前的阶段，是怎么一个发展情形？

庞曾瀛：我学画的过程，可概略地分三个阶段：

（一）学生阶段，也就是接受法则练习的基础时期。回想起来，我该认为并未满足应得的“观念启发”。但是，中国的美术教育众所共知，学生必须浪费几年时间建设观念的。

（二）毕业以后，在郭柏川先生的影响下，体会到“印象”性感觉与作画的关系，我曾做了他短短一年的助教，算是明白了一点手与脑(想)以上境界的运用。因此懂了一些“创作”与“灵感”的事。于是形成了“基础”练习与“正式画画”分道扬镳的现象，所以自离校第二年开始，所有发表的作品除了三五张人像外全无写生的东西。那时认为基础必须“这样”，“制作”又要另一表现。这个时期很长，一直到二十年之前才有意识地认识到中国人与中国画之间略进一步的转向。第一次美国女画家协会为我在纽约举行个展(笔者按：时为一九四五年，在纽约市阿尔根特画廊展出)，我才体会到基础应与创作一致，才能使基础与创新、功力与制作、传统与现代、精神与形式等完全一致。在美国的前三五年中，明显转向中国传统。这时并不算是保守，有时也画抽象性的国画，但仍旧转不出保守的功力圈子。由于自己的转向，我深深觉得功力不可与创作分开，也就为了“功力的革新认识不够彻底”，所以牵制了创作的可贵的“自由发展”。因为艺术家不必考虑“功力”，而“功力”是勤勉的结果，要它自自然然地进入作品才是真正的好东西。看前人的功力太多，偶像的影子也越深，创作的自然性也越少，所以艺术家在欣赏名作时，千万在真正认识、享受到尚未投降之前的边缘时，最好能警觉而停止。最重要的是：天分有高低，成就有大小。大画家与自己之间假若都是各画各的创作，大家走自己的路，这样自己自然就不必慑于别人的成就。唯有求美的心理才能加强自己个性的自然流露。我那时的偶像观念甚浓，所以不敢发挥太多笔墨以外的表现。当时我虽然经常用其他技巧来帮助自己，但还是经常沉没在传统的笔墨观念之下，所以产生不出较新的面目。

（三）目前所经营的阶段：要认识中国一切可贵的既有，先要认真知道中国未来的命运在于自己的建设进步上。中国本来的东西好，但必须继续求进步。建设现代效果的重点，更要从改变保守的传统开始。这是观念问题。我只是想画画中国绘画初期摆脱农业封建社会的旧表现画而已，而不想在进取摩登方面求得足够的“现代尖锐感”。因为中国画的进步关键在于“第一动摇性的观念”之得以深入人心。我无大志，只觉得这是我的性格所该追求的信念。这是我从未考虑热烈接触西方现代的原因。因为我的国家真正自己深厚的文化，现在仍是处在“假古代”时期中，我们要紧的是离开这失去了生活方式的“假古代”，才能谈得到产生“自己的现代生命”。而今天我们绘画中的“现代”成分实在不是我们自己的，是西洋的尾巴主义表现(将来文化合流是另一问题)。我绝不反对毛笔(我自己用毛笔创造效果处也很多)，但是提倡用毛笔以外的工具作国画的观念(不因毛笔的限制使国画路径狭窄)，这对中国绘画未来的前途而言，是观念开放的重要关键之一。

另外一件事：我觉得大家在画同样的东西下，比心得，争功力，才是真正狭窄而伤和气，像是随时有引发土下地雷的可能。这种爆炸实在没有道理，艺术本来就该创作，那种“临摹笔意”的时代似乎早该结束了。功力当然重要，它是“表现风格”的实力，但是每个人都该有自己风格的实力。用王羲之训练自己的生命力，无异于铺公路打桥梁的地基，结果只好在陆地上建设长的陆桥，而失去原来要建设公路的意义，其道理可说一样。一般人练素描，石膏像一定要希腊神像。笔下还非略含“古典”不可，这些苦苦练习的结果，事后却全部抛弃，专心一意大搞现代思潮的东西。当然，基础不是完全无用，但是几年的功夫，浪费了大半。尤其在创作“自然和自由”的观念发展上，所损失的更难以估计。我觉得我们对美术高级杂志等(对象是艺术家的刊物)，对技法传授的文章，似乎有慎加考虑的必要。因为“定型”性的传授，对文化而言，后果是堪虑的。当然，好画在任何情形下都能产生，问题不在那件作品的好坏，而在如何贡献画家的心血，使五十年后或者说几十年后促成一个强大的文化。

阮义忠：中国画是最典型的情感需要下的艺术了，连技法都刻求其“写意”的情感因素。在中国画论上“文如其人”往往被套用了，这好像是说“画”必须是他的感情面貌，是他的“表情”。而现代的一些人正如您所说的，在陆地上架陆桥，已失去原来要建设公路的意义。他们的画模仿前人的表情，结果落得时下一大批畸形发展的水墨画。您认为这个发展的前途是什么结果，而如何才能

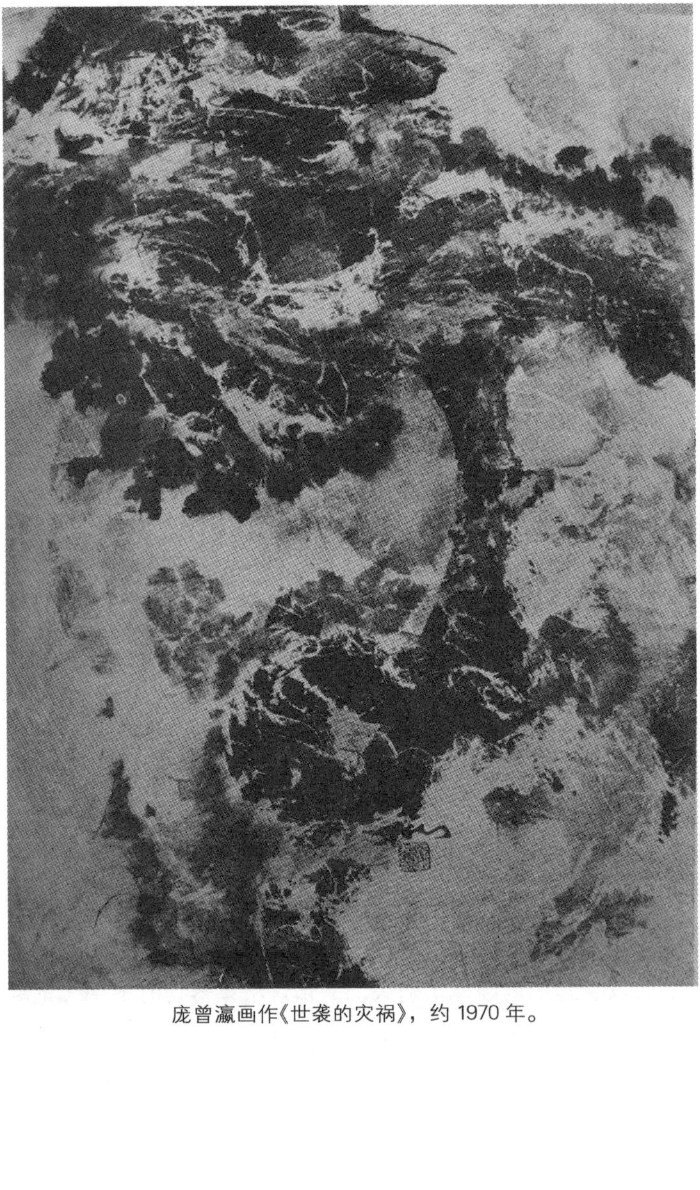

庞曾瀛画作《世袭的灾祸》，约 1970 年。

跳出情感上的干扰而直接表达自己的感情?

庞曾瀛: 中国画要说“文如其人”大约只能指“史”中留下来的代表者;当然史外也有此等画家,近百年来不可能太多,这种面貌的形成有几个原因:第一,拜师学画。受了多少师承的约束。落笔起笔,写枝钩纹都经过训练规定。第二,崇古。受了多少律法的限制。第三,标准早定型。换言之,欣赏者(接受者或批评者)在未见作品之前,早已规定了欣赏的范围及标准,所谓欣赏及批评多少成分只是套用老模子而已。因此写意之笔,山水式样,早有规定,剩下的能让画家自我流露的东西还能有多少?不过西洋古代的情形也是相似,有特点的画家,只是画史中那些代表人物而已。今天水墨新派画应该任其自由发展。一百个创作者之中,百分之九十九点九是试验者。试验不得要领是他自己的事,成功与否也是由他自己负责,只是有些试验者之不得其法实在有些冤枉而已。中国新画家之中,很多失败在“套用失当”上。老画家套古,新画家除了现有的前卫形式,另外又保留了笔墨上的技法。当然啦,保留笔墨上的技法也有成功的希望,所以别人也就不便深劝。而且文人画之后,中国的笔墨成就很高,只是中国文人画在“人文主义”气氛浓厚的情形下,往往会疏忽板刻、竹雕、门神、年画、栋描、剪纸的地位。于是在“人文至上”下“文人”就第一了,其他的流入低级小工手中发达不起来,以致今天的大批水墨画家走不出一条多姿的活路。从这个角度看,吴昊的新国画的成就，就显得杰出了。

一支毛笔能做多少事，在毛笔发挥力范围中求新是对的，这是发挥毛笔的新力量。很多人在毛笔的旧力量范围中套用西方的前卫观念，未免就要多走不少冤枉路。你觉得我的想法有多少问题？

阮义忠：基于您所说的“要认识中国一切可贵的既有，先要认真地知道中国未来命运在于自己的‘建设进步’”上的角度，您能不能告诉我们，在艺术上，我们是不是有必要用未来的眼光去对过去的传统作品重新估价，而您对我国传统的绘画一脉发展下来的结晶有什么看法？

庞曾瀛：中国画要求进步，画家要接着前人的成绩迈进，不可“食古待化”，今人的责任并不是“再走一遍古路才许弄新”。今天的每一个中国人，都要负起贡献与强国竞争力量的责任。怎样才能推出一个强大的中国，画家该怎样做才不怕人家的大炮，不怕失去人家给的大炮，在国际外交、国内文化实力上站得稳。放弃了这个责任，当然没有任何理由检讨国画。今天工业的进步与科学的发达与否是国家兴亡的基本问题，但是艺术与科学工业之间的神秘关系，却是以往的史绩了。今天已经不复神秘，这根本是文化进步的两面观。今天我们不能再说艺术只有“无用的美感”的一面，而是同时要顾及其有用的另一面：有用，就是实用价值。艺术家没有把握一生的创作能全部成功，有时就是努力也不一定有用。聪明人也不一定有用。所以这种用处不够现实。现实——就是一定用得上，或者马上有用处，读土木为了找职业是现实，是想着用的实用，也是功利主义精神的基础。创作一种东西，有时理想会全盘破碎，完全失败，而且对未来文化的贡献也很难有确定作用。这与不想用处的非现实之用，还隔着一道鸿沟。换言之，含着未来意义的创作，即使一心想着能够用也是没有用的。在根本上，未成功之前这是件不可知其实用意义的事。我们提倡艺术家要明白艺术的用处，但这是“思想气质”的思想表现，创作仍只是凭“灵感想象”，创作时与当时思想活动的关系绝不是靠思想来画。因此，这仍是属于听凭命运来安排实用，而不是光想想自己的画要有什么用处再去画。

一个人要有自发能力，不可以全靠别人帮忙。有人帮忙是我们的光彩，因为有人愿意帮你忙就是说你不孤独。但是靠人家的帮忙一定会失去自己生存的独立可靠性。国家民族也一样，能自己站起来，即使苦点，但这却与求别人扶着的意义完全不同。人家强国是他们自己做出来的。我们为什么不能？他们有历史，我们也有，他们有一连串演进的文化，我们不是没有悠久的背景。最要紧的是“自发”两字，这是创造文化。学，是跟人走的，等于是将人家的创造拿来用。这不是说绝对不可以，而是说在不可疏忽自己文化的背景上我们必须有自发作用，如此才能真正地创造自己未来的文化。我们说绘画、国画非急求进步不可，学，当然好，但不要忘了，我们自己的文化一样是可以演变的东西。学创并用，是推出中国自己未来文化的力量。只学不创，只跟着人家创的百年之后，我们国家等于不亡自亡。何况，学术贡献不可浪费，推进中国本身的文化，是对世界文化的一大贡献。国画没有倒进大海作废物的理由，所以应该力求进步。

阮义忠：关于“中国画的进步关键在于‘第一动摇性观念’之得以深入人心”的见解，你能否在中国绘画史上找出几个重要观念深入人心的过程？

庞曾瀛：保守产自顽固。顽固之所以站得住脚，是因为择善而顽固的理论容易论证，普通人听到证明就心服口服。理论有据更容易征服弱者。这与中国人读书的背景有极大的关系。我们受教育，对于那些好的思想理论应该深入研究而成为印象性的意识，容待自己随时求证批判。印象是活的；而读书背书，把好东西全部变成硬化不变，原封不动，成为记忆的物质。直到把自己变成彻底的别人化为止的学人，这种是学的教育。如造船、炼钢、背莎士比亚等，变成了在讲解或证明一门学问的实用性，而非针对一门学问本身的实用性之研究。因此，这种教育失去了使这门学问产生另一门学问的东西与可能，如此就导致了文化的停顿状态。不过这种学问倒很适合于考试之用，但它对不可知的未来文化一点效果也没有，这是保守的教育方式最大的毛病。我们要想着自己的文化能进步，就要除掉这个僵局。同样的，艺术也是。就绘画这个主题来讲，对这种心理的固定状态，第一要有不断的新的创作观念来动摇它。所以我一再推崇刘国松，他是第一个取得“自然性”，摆脱学洋气质，创设国画前所未有的作画观念的人（当然不是他全部的作品都是如此）。不过有些东西是有绝对范围的，或是自然或是人为都不能随便更改这个范围。如语言，英语、法语等我们没有改变它的权力，有的如制造工程、法律等有人定的规格条件，我们不可自己更动。这些都是不得任意改变和运用的学问，换言之它们的实用性不得改变。但在自然性的一面，它们仍是需要处处求进步的，使它们本身的实用性能更丰富、更实在，更有开拓未来文化的潜力。而艺术本身根本就是偏重自然，是人类心灵和自然的媒介，是我们心灵世界推向自然的中心行为。也就是“智慧和发现的象征”——凭此文化才会进步。它是这进步的指针。

但保守也是天性，保守有保守的好处。有了保守，伟人的成就才有意义，今人的创作才有希望。但保守一定要保守得当，否则它不但没这点好处，反而堵死了未来文化的生机。人世的竞争发端于“智慧比赛”。有智慧的活动，才有艺术、哲学、科学的产生。艺、哲、科是人类“悟取”自然，求取代代累积下来的成就的行为。自然是广大无际取之不尽的东西。在自然之前，没有人定的限制范围（如规格法则等）。但另一方面，规格法则之时代性的应用意义也颇重要，这就是社会秩序的基本来源。关于一个观念的深入人心，我们只须动摇保守的过分处，而不可全部推翻保守。过分保守造成了智能硬化，历久不生新生的物质，造成人类除了向历来伟人的成就崇拜摹仿外，逐渐脱离了向自然求取新生命的结果。于是人就渐渐忘记了自然。在这种情形下，自然成了乱麻枯草，自然的现象怎能比古人的一言一笔有价值呢？无限的大自然实在也就无从拾取。这种观念造成许多水墨画的新派画家以学洋来换替向自然学习。在这些画家中究竟是表现了“洋”还是真的“新”，实在很难说，成功的很少。“洋”，距离我们太远。骤然搬太新的东西进来，换替陈旧中国的古老，事实上只是造成淘汰的现象，像倒垃圾一样废弃我们的老东西。又像洋房造起，老房子拆除一样。中国有很多好东西，很有西方没有的特点。但就是误在保守过分的心理上，只有等待“老房拆除”的结果。他们只认古人不认自然，以为观念、自然不是学问，伟人、圣人的言行才是学问。这是要不得的。

想改变国画坚固不化的观念，要有人做出真正新东西给他们了解“创作自然”与国画命运的前途关系才行。而刘国松的贡献就在于他做到了这点，他动摇了国画的顽固观念。但他也只有一点力量，我国的文化并不是要建立一个英雄，而是要有很多继续不断的动摇力量与建设者的努力。我们要先动摇自己这个观念，然后才有携手对抗外力的希望。保守，我们不能再保守下去了。我前面说过了，一张好画在任何情况下都可能产生，在保守里也不例外，保守画只是文化的进步上有问题，与好画坏画完全是两回事，但我们不能再保守下去了，一幅上好的保守画对未来的文化是没有贡献的。要解除保守的害处，首先就要建立新观念。而新观念的建立在于求美，在于要放弃成见，所谓的放弃成见就是“变化偶像观念”，这个偶像观念除了偶像本身也包括了工具、材料、方法等，我们要变化它就是要自己多费一番心血，在老师或偶像面前少一分依赖。这样才有希望，才有前途。

阮义忠：一个画家的风格成长和他的生活是牢不可分的。而您说您只画中国绘画初期摆脱农业对封建社会的旧表现画而已，这种风格的表现是如何在您的生活中成型的？

庞曾瀛：我只画摆脱农业对封建旧表现的作品，比起今天的前卫作品旧了很多。不过一个画家虽只能改变一些观念、形式、法则，但他照样能画出强烈中国人气息的画。我知道自己的天分太有限了，只能表现这点东西。更新更好的作品不是我的能力做得到的，我只做了点放弃部分成见的工作，也本了艺术者创作应尽的态度和责任。但成绩却平平无奇。换言之，奇了就不是我真正的东西了，我只做了挂狗头须卖狗肉的一点事。

阮义忠：在美国这个日新月异的国家中，您仍本着您自己的摆脱农业封建旧表现的画，这是否是不妥协于这个社会？当然啦，艺术对社会往往就是以不妥协的姿势出现。只不过大家都以“新”的态度来不妥协，您却以“旧”的秩序去表现自己。是什么力量使您在这时代里选择了自己的表现方式？

庞曾瀛：以工业及未来不可知的前途为标准，在美国并不是每一位艺术家都是“新”的。而新的不一定受全部市民生活需要的欢迎。新的发红的大画家，也不一定如想象的那么富有，前卫到顶尖的画家似乎也只能红一时，此起彼伏，便宜倒是都被画商占去了。但是，他们留下了对文化之启示不可磨灭的贡献。艺术有启示，马上应用到未来进步诸事的作用，美国的多数市民却只为了房间、墙壁的摆饰，为了表示风雅、排场。所以与仅限于博物馆及特殊建筑里的美术气氛大大不同。艺术家名就利成如毕加索的时代过去了，艺术家十之八九过穷苦疲劳的日子。美国人家家都买画，但是整体看，艺术家的生活比不上小公务员好(兼差做别的事例外)，台湾来的画家当然也不例外。千万别以为到美国销画是件轻而易举的事。到今天为止，还没听说过台湾来的画家有得意的，成就只是自我陶醉之语而已。美国买画的人绝养不活那么多画家，画家没几个比得上人家“中下”级生活的。

在美国什么画家都可能有对象，所以我的画也有对象。美国是新派画世界，但真正有脑子的艺术家，由高级艺术画报杂志来看，有文化启示的学术地位。抄家仿家不受学术重视，但不是绝对卖不出去的。只是卖自己的创作，要真正撑饱肚皮是件难事，饱肚皮的画家只不过是千分之一而已。国内报上把旅美画家说得天高，天知道。

至于我个人作画的心理动态，只是基于一个“成见”吧！做一天和尚撞一天钟。我不认为国画在这个世界的未来中有前途；也不认为国画在中国命运中有助于今天的危机。今天我仅能告诉洋人：中国艺术不是恒久不变的。而且要洋人知道：这是在求变中的中国画，和这并非是用一部分中国工具所画出来的洋画。作为一个批评家首先要有立场，今天我个人只提倡“为中国前途”为立场。如果拿赵无极和刘国松来说，赵无极只采用了一点点中国文字的题材，就算他是一代世界抽象画少数大家之一，但今天中国在危机四伏的情况下，他这种艺术对中国的意义是什么？中国要活下去，刘国松比赵无极要重要。换了立场，不顾中国的危亡，那赵无极就比刘国松重要得多了。老弟，你采取什么立场我不想过问，但我一定站在中国这一边的立场；使中国站起来之后，再谈世界问题；再谈绘画与大自然、与新都市、与太空、与海底诸多问题。最重要的是，今天中国艺坛的每一员都必须认识：人家百年之前，用他们的艺术辉煌他们的历史，但他们不曾停留，他们的艺术一步步地推出不同的时代又走进新的时代里。而中国，时代是有的，但却蒙在自认为伟大的“永恒不变”之中，而靠抄写西方聊以表示进步之感，这是危险的。要紧的是我们要有自己的思潮，来产生生命中力求进步的精神。生命中有了独立精神，自己就会滋生进步的“生命”，像当年一闪而过的“五四”生命，我们要复活这种生命，而不是玩弄小聪明，假借西方的思潮于自己的艺术创作上。

总之，我们要有更多人走自己的新路。我就是本着这股信念。另外，我寻求着中国传统中尚未用过的“规矩”，我虽遵守着此一老规矩，但也不完全依循。有些是必须靠自己的定力，创造一点自己的规矩，成败是我个人的事。成功，则就是我个人对今后文化的一点小贡献；失败，则是力不从心，将随我而逝。至少，这还有一点希望。不管怎样，我是本着这股信念在走我的路子。你看，不妥协就是这样产生的。有时一个人坚持自己的信念，往往就和社会的潮流隔开了。难道不流入这个潮流就是“旧”吗？难道流入这个潮流就是“新”吗？我觉得“新”、“旧”应该是以“信念”而不应以“潮流”来定才对。

阮义忠：那您在这不妥协的情况下，是不是打算一直坚持下去？

庞曾瀛：我，中国人。在坐轿子点油灯的国家中长大，七八岁时家里才有电灯，光度也只有像点烛火。记得家里的第一架缝纫机，第一辆洋车来时，举家大小都疯狂惊喜。稍长了偏爱穿洋装，看电影，跳舞。满口好莱坞知识。再后，奔波流离。我在这个国家长大，在这种环境成长，我画这种不够新的中国画，不对吗？今天我在美国，在这个不属于我的社会里，我的坚持、我的不妥协就是我保留自己土地、精神的唯一办法啊！我总有一天要回国工作的，在西方混日子，更怕为了吃饭，而使自己的创作消失了我这个中国人的符号，回去，虽然生活方面吃点亏，但精神上总是好过。这就是我的顽固，到今天为止，我只愿意作“中国人的创作”。

阮义忠：如您所说的，您一直是在坚持着自己的信念。而在海外这么多年，您是否曾感到自己和自己成长的土地脱节，在海外支持您画中国画的力量是什么？

庞曾瀛：我在海外只是一个荡魄游魂。现在，台湾是我的家乡了，很多友情都留在我的脑海里在晚上出现。而此时白天的忙乱全都抛出九霄之外，不要再提这种生活了。至于我画这种自以为是的中国画，要感激二十年前顾献梁兄的一句话。他在评我那时在美国的一个个展中，我自认得自宋徽宗瘦金体书法的一张“洋画”时，他认为表现得不够真实。他说了一句大意如下的话：“自徽宗到现在，中国有取之不尽的资料可取，为什么仍画西画？”（当然不是这样说法的。）从那时起，这句话提醒了我从事新的国画，摸索了十多年，一无所成。最近十年来一步一步地走上今天的路子。也不知道摸出了什么名堂没有。

阮义忠： 您说您的画在表现着摆脱农业封建的精神，这是不是说您有可能会放弃农业精神，而去投进工业社会的形态当中，来重新架构自己的艺术？

庞曾瀛： 我并没有放弃农业性的中国精神。我只是不让既往的农业精神被压迫在古老的方式中而已。请记住——虽然这三个字不太客气——我只觉得我不该跳进工业精神的圈子里。记得我年青时在西安举行的一个个展，赵望云先生（是赵春翔先生的朋友，与我只此一面之缘而已）批评过我一句话，他嫌我的画创作性太强，那时落后的西北看不惯我的创作。他说："想要提高一个水准，必须接近这个水准，如果够不着，就提不起。"当时我的作品除了受点欧洲那时的思潮影响之外，并不怎么新颖。此外还有几张意在骗饭吃的通俗画，挂在另一面小墙上。自己丝毫没有提高什么的想法，我想赵望云先生只是基于指导欲的冲动，所以发表很多意见。当时我并没仔细将他的话记下来，倒是这一句与艺术无关的意见我记得清清楚楚。当然，那时我"洋的成分很浓"，事实上也无法接受他这句话。至今我的能力也未曾增加，但我确实体会这句话的重要性——今天应该有很多人以"基于国画、基于今天"的标准做些确实不太脱节的创作工作。这样国画的水准才可能提高。

阮义忠： 我想这个访问也该告一段落了，在结束之前有一件事想请教您，这是个题外的问题：有关名作家无名氏先生和您一段交情。对于无名氏先生，我们除知道他是卜少夫先生的弟弟、名叫卜乃夫外，就一无知晓了，以好友身分的您，能不能谈谈你们的认识经过和他个人的一些事情。

庞曾瀛：无名氏是我在抗日时期的一个好朋友，我们被命运安排在邻室睡觉和工作，那时他正开始着手那几部风行一时的著作，他为我奔走一个尚堪自满的展览会，他为一个热情而且任劳任怨的人生观活着。朋友骗取他的金钱、时间、心力、感情都不曾使他转变友情。是一个有点奇怪的人。我所知道的他，是一个甘受别人责骂而自己情愿贡献牺牲的人。我和他分手之后只听说他独居乡下一隅，侍奉老母，不离左右。很多人看了他的小说，以为他是一个玩世不恭的感情献技者。不是。完全不是。他的感情超乎“忠实”之上，在社会关系中，我是他的好朋友，在他的“内在”的比照下，我是显微镜下的一个活动的东西。

阮义忠：谢谢您，谢谢您，我们祈望您这个“活动的东西”早点活动到自己的土地上来。这对于您和画坛来说都是幸事啊！

门里门外

廖修平访问记

门，这熟悉而陌生的存在，
如何地勾引我无限的思潮与眷怀。
懵懂里，
你我通过了它来到此人间世界，
发现了欢乐的琼浆，
也尝着了悲哀的苦汁；
春夏带来了新生希望，
秋冬却是孤零寒瑟。

在这忽隐忽现、骤阴骤晴的宇宙，
你我不断地摸索探求；
为的只是不醉生梦死，
为的是解知生存的真义。

廖修平，1969 年于纽约。

啊！这儿，那里，
到处是门，
许是其中之一，
能赋予我们，
解此生谜之键？

——《门》，廖修平

廖修平，这位用“门”来形成艺术的画家，要认识他，只有这么一个办法——和他一道去打开生活之门。这扇门开了之后，我们可以看到自己的情感根源、自己的土地。当我们找到了自己，那我们就同时认识了廖修平。因为他的艺术就是这些；他的精神就在这里。然而这扇门之后还有无数无数的门，那是文化，那是历史，那是未来；那是我们的使命。而廖修平还没打开它，我们也是一样。廖修平的艺术价值就决定在这些门当中，他打开几扇就是在他自己生命、中国画史上留下多少。我们呢？我们，同样地也有打开这些门的责任，因为这些门是我们的生命——而它将是我们后代的传统。

对于廖修平，我们是再熟悉不过了。他是近年来被讨论得最多的一位艺术家。而笔者与他笔谈的动机并不是想凑热闹。我们之所以被他的画感动，是因为他的精神被明确的技巧表现在作品上。但我们对他了解得够吗？一位艺术家的精神发展过程，是历经多少的挣扎、多大的冶炼；这些孤寂、苦闷是怎么蜕化出来的？这些在心和画当中冲突的力量是经过如何的压抑而成形的？我们了解过吗？当然艺术成就之论断是针对作品本身，但艺术的意义却决定在创作的经验上。我们只有深察这些奋斗，才能真正了解一位艺术家。此篇笔谈的目的就在这里：让我们除了肯定一位艺术家的作品外，也肯定他的生活。这是生命，艺术的生命。

阮义忠：您能不能回忆一下，是什么因素使您成为一位艺术家？

廖修平：只记得小时候很喜欢涂鸦，经常拿树枝和竹竿之类的东西在地上画着玩。上小学时(西门小学)，也没所谓的美术老师。只是级任导师经常拿纸要我画图，然后贴在教室的成绩栏上。从那时开始，学校师生已朝升学目标忙碌打转，根本没得时间上美术与体育课。倒是在家里经常看到经营营造厂的家父和家兄，拿尺埋头画些设计稿、透视图的图样。习惯这些描绘方式的我，上了中学(大同中学)还曾拿着尺画图，而被美术老师纠正过来。自此才算真正开始学画画。那时我们有两位美术老师，即吴栋材、张万传两位先生。尤其吴先生可说是在我中学六年中指导我最勤、最用心的。

当我拿到大学五院联考志愿的表格时，发现美术相关科系，竟只有成大建筑系和师大艺术系。我本意是建筑系，打算学些美术设计、室内装饰，以配合父兄在建筑界的成就。不过我对数理没什么把握，第一志愿就填了师大艺术系。中学的美术课不曾上过国画，我的绘画基础只有水彩画和铅笔素描，没想到报考师大的术科考试还有国画一项。临阵磨枪，吴老师借了几张国画稿来给我练习以应急。或许就因为如此，我一开始觉得国画只是一味临摹、追随古画，容易阻塞创作路径；且画中的山水、花卉、人像与我们现实生活大相径庭。因此一直不曾好好学过国画。

一进师大，由吴老师介绍到李石樵先生的私人画室学画。由于他本人不公开招收学生，既不收学费又不排定时间。只要我们有空自己可以随时去画。当时李先生还没被聘到师大教画，是个自由独立的艺术家。他不喜欢交际，整日就待在家里作画。有时还看到他上市场买饲料养些鸡鸭自娱，当然生活是极其清苦的。在这种名争利夺的社会环境下，实在非常难得。使刚进画室的我感佩至深，曾以他为艺术家的理想意象。李老师平易近人，我在大学四年中不分日夜寒暑，一有空就往他的画室跑，勤画石膏像及静物油画。一碰到问题画不下去，他会亲自指导并恳切解说，仔细分析症结所在。我也是从他那里，得知一些印象派前后画家们所追求的事物：如画石膏及静物、利用背景之处理方式，以表达对象在画面上的空间感及物之质量感，等等。这些观念多多少少都影响了不少的师大学生。除此之外，同学们在互相讨论及不断的比较中，得知李先生所要求表现方式的新颖(对当时的我们)，以及他的素描功力之高深。难怪绘画青年及很多画家钦佩他。因此，他虽没在师大执教却影响我最深；也是训练我对事物的严谨观察态度，及力求精确素描最有力的一位师长。

阮义忠： 在师大您又得到了些什么？

廖修平： 师大虽有不少老师指导过我，可是都只限于课堂上；课外几乎没有半点接触老师的机会。只有陈慧坤老师经常看我的画，并批评鼓励过我，在大四那年还一直劝我去留学。他认为待在台湾，不容易发挥自己的才智。并谓可借去海外的机会亲眼看看西洋艺术真品，体察外国美术家的作画精神。与此同时，台湾画坛刚好有一些年轻热情的艺术家们积极展开现代艺术运动，如杨英风、顾福生、王炼登等人。我也热血澎湃地参与筹组，加上留日学建筑的三哥偶尔寄回一些日本画展的目录画册，于是间接看到日本等外国现代作品的丰丽动人。而其表现方式的广泛多样、技法的复杂错综，在在都令我神往不已。而反顾自己四年来画的一些风景、静物、人物，只是被人用腻的普通题材，没什么特殊，加上表现技法多少都受点李先生影响，自己也感到非自我改革一番不可，于是开始转以庙宇为题材做了一些尝试。可惜当时没有适当的人可以商讨请教；这时的作品大半在技巧上利用烧熏的手法做半抽象的油彩，如《七爷八爷》、《祭桌》等大幅油画。然而在这新的追求中，我感到从未有过的孤寂和苦闷，也逐渐感觉到，要想成为一位画家真是不简单。大学四年我究竟学了些什么？毕业前夕一直盘绕脑际的疑惑，仅得个“是起了头，已站在艺术的门限上了”的解答。于是本来模糊未定型的留学念头突然高扬，而将我送去了海外。

阮义忠：您这一出去，决定了日后的绘画路线。和海外艺坛的接触给了你什么重要的影响?

廖修平：在东京，首次看到日本画坛的活跃情况和美术家的积极精神。除了经常有国际展及西洋巨匠的作品展之举办外，数十个新旧倾向画会竞赛式地展出，大大刺激了我。如同刘姥姥进大观园，五花八门，令人眼花缭乱，更深感自己所学的仅是皮毛的一点点小知识。由于在台北，实在很难得看到外国美术品，特别是国际性的美术家作品。在日本连续看了不少画展，如塞尚、毕加索、米罗、毕费、五月沙龙、国际具象展、国际展及国际版画展等。里面有不少作品着实让我看得又惊又喜，自觉这才真正窥见画坛的大门，探知外国艺术家之实际作画态度及所追求事物的因果关系。因此也知道台湾不少画家，竟是抄袭这些作品的亚流，一味从别人的画册里模仿抄袭，毫无自己的面目，使我感到非常难受，也曾因此而认真地考虑是否干脆转行，学学美术设计或室内装饰。然而在认识非真正找个自己的门路不可后，我还是留了下来。为了充实自己，除了继续从事油画的制作外，尽量涉猎各方面的美术常识，特别是诸种绘画画论及立体的基本构成。后来又到高桥正人所教授的视觉美术设计研究所，学了配色、构成原理和基本设计。这些努力，日后不知不觉影响了我，而反映到我目前的作品之中。

阮义忠：之后，据说你从日本到了巴黎。在这艺术之都，您对自己的认识又有什么变化？

廖修平：在巴黎看了卢浮宫历代的大油画，真是吓倒了我。那些名作不但构图大、意境高，在精细中带有雄壮气魄。印象派名作，对于光的追求也是严谨感人，使我重新认识欧洲的绘画，在其特定社会文化背景中逐步顺着潮流改革演变的过程。自己来自东方，想勉强去追求欧洲画家所追求的，不只是不可能，就是穷一辈子精力恐怕也无法进入那种画境。巴黎美术学院的教授沙泰尔(Chastel)，连续看了我一些作品后曾分析给我听。他说："你们来自中国的东方人，应该有你们独自的性格和作风才是。"于是在心中酝酿已久的返回自己文化根源的探讨欲，得到更进一步的加强，而力求真正属于自己的道路。我远道来巴黎，并非到美术学院学学素描、画画模特儿，甚至于写生一些欧洲异国情调的景色；而是在这欧洲文化艺术气息浓郁的环境下，找出自己东方人艺术的真貌，这是我最重要的课题。然而自我分析、自我寻找，以图打开独自的表现途径并非那么容易。当时我正进入"Atelier 17"(巴黎十七号版画研究所)工作室，在海特(Hayter)老师指导下开始着手彩色铜版画的研究。就这样将油画创作的难题所引起的困扰置于一旁，将整个精神灌注于版画方面的大胆尝试。想等版画学习有了心得后再继续油画制作。以后就这样油画、版画相辅以进，平衡发展。可是没想到日后发觉在版画方面，比较顺利地找出自己想追求的表现效果。

阮义忠：您本来的画是以风景为主，后来变了。在您，由这个画风变成另一个画风是受了什么影响？而您对自己的每一个转变过程作何感想？

廖修平：自开始学画后，我并不曾特别偏好过风景画。在师大时期，静物、人物、风景样样都画。主要是注重画面构图及远近感的追求，对象只是达到这目的的手段。到日本的时候，由于身处异乡，回头看我们台湾风土及固有文物的色彩、造形，得到未曾在故乡具有过的感触。加上游子怀乡之情，使我在重新估价这些事物之余，潜心于庙里内外事物的题材，大量创作大幅油画。将善男信女的虔诚膜拜及个人对乡土艺术的热爱，寄托在绚烂色彩的半抽象形象里。初到欧洲，其景物之美很自然诱你跑去画那掺有一切史迹的旧壁、历尽沧桑的古屋。也曾和陈锦芳(旅法画家)一起画过巴黎街景，和谢理法一起乘三等火车下到西班牙各地旅行写生，晚上也常和这些画友跑去描画模特儿。其实那时满脑子里就是在寻求出路。有时根本就是纯粹为了排除日夜缠绕的苦恼，画些轻快的作品来调剂情绪。说实话，对我本人来说，画这些模特儿、静物、街景并不需要费很多心神。然而庙宇一直是我创作的主题。其间我也曾借版画来试作表现，直到有些眉目再来画油画，继续追求这方面的可能性。因此，此时的风景画，可说只是点缀的性质。

为了创作的参考，我花了不少时间在巴黎的东方博物院徘徊、欣赏，研究该馆丰硕的中国铜器和陶器的收藏，尤其是那些铜器的浮雕纹路，每每给予我不可言喻的感动。那苍老的铜锈是如此超越时空，常常令人有豁然开朗的悠哉之感。我在抄录这些纹样上，曾经花了很大的功夫，使我在巴黎的创作、初期的版画和后期的油画，从这里得到不少的灵感和启示。在这段时期中，版画似乎较有深度，而油画就显得比较单薄了。主要是由于我对油画本身，不想继续在日本那一段时期所采用的厚涂技法，但一时又无法摒除旧有的习惯，所以经常导致画面上的生吞活剥现象。每当想创作一个新技法以配合新构思的表达，常因格格不入而不能随心所欲地得到预期的效果。所以就有两种倾向发生：一是先有技法然后才进入内容的构思；二是有了内容才考虑技法。就我本人讲，在制作版画时，因对版画技术已懂得不少，故而制作时很少注意到技法问题，差不多可随需要而应付自如。至于作品本身的构思才真是最伤脑筋的事。在油画制作过程中，我总是将自己的构思先起稿，以素描去具体化。但要实际将这构思转至一幅大油画上，常常有犹疑再三的情形发生，这也许是我过于谨慎的性格使然。

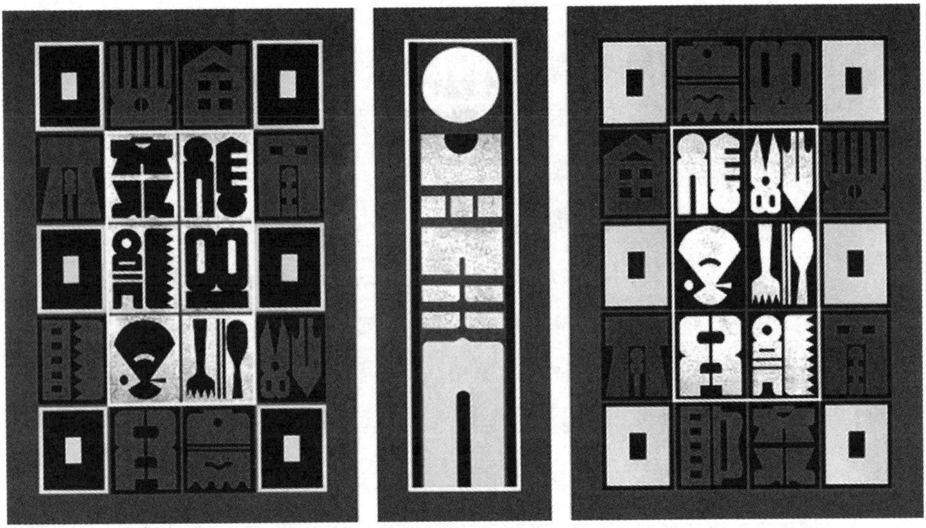

廖修平画作。

因此，我的转变过程以思想之演变及技法之改革为主，较少受外界时兴画风影响。

当然，在我看到一些好的画展美术品时，也常常在感动之余，怀疑起自己作品的真实性及现代感。有时看到很好的艺术家，能很顺利地将所存在的意象表达在作品上时，就会产生放弃画笔的冲动，这股情感等理性归来时又被平息了。于是，就只好自慰：既然选择此途唯有忠于此道。反正已知路途遥远就慢慢地一步一步走下去了。或许我没有人家的天分才质，但说不定还有可能找到通往真实的道路，也未可知！

阮义忠：您前面曾谈到您从事版画的制作，是什么因素使您对版画产生兴趣？又是什么特别原因使您选择了这种形式来表达您自己？

廖修平：初抵东京，每次参观画展，都发现设有版画部门。甚至在西洋巨匠的回顾展上，也一定有版画连同展出。看到那些不同作风、不同技法的版画，真令我这个初出国门的乡下人吃惊，尤其是对它们所表现的多面可能性，更是赞佩不已。有时那些作品几乎就是铅笔素描，有些则有如毛笔的简练笔路；没想到这就是所谓的石版画技法的产物。日本的木版画在彩色套印方面有极其卓越的成就，使人认知木版画除了对对象有强有力的表现效能外，还能如此多色施彩且能得到极佳的渲染效果，而微妙地表现出事物的纤细性。这些在台湾没有机会过目的版画，可真使我大开眼界了。而铜版画的锐利线条，更具有深远的表现力以及高度的优雅意味，更毫不留情地紧抓住我的心灵，使我如醉如痴。于是除了在东京教育大学的版画室学习制作简单的石版及铜版画外，还经常私下向日本版画家请教，如北冈文雄、星襄一诸人。一经沾手尝试才真正入了迷。此后，我便开始积极吸收各种版画的基本常识。其后又和一批日本年轻版画家接触，而进一步认清版画的表现领域实在广大无边。反观台湾的版画艺术似不曾为人所重视，而真正从事此道者也不多。使我深觉有必要推动大家去尝试、去创新，以助台湾版画艺术水准的普遍提高。既有这个意念，赴巴黎后就叩门请教于版画名家海特，专心在其主持的“Atelier 17”工作室研究铜版画之色彩、技法及理论了。由是，自东京留学时代即感兴趣的版画研究，在巴黎海特指导下，心得更多，自己所作的铜版画既然能表现出心理的构思意念，也就更加喜爱了。我常自忖为何对版画有如是偏爱，想来是它帮我渡过无数次制作油画时所遭遇到的难关所使然吧！

过去的学院训练，使我产生太多的拘束和顾虑，不容易冲破以往的表现手法。版画的一切对我来说都是新的，因此我可以尽情地实验尝试，也就常有如鱼得水之感。在表现手法上版画虽是间接艺术，但其中却扮演着极重要而不可忽视的角色。就因为它是间接艺术，所以制作时要通过制版及印折的程序，因之艺术家必须将自己的心绪控制得体。既要有明确的意念，又要有理性的处理才容易得到扎实的作品。这对于我的个性及不易随心所欲地将所感所想之事物立即呈现在画面上的谨慎性格，具有舒畅、缓和的作用。从版画和油画的交替和并行的创作经验中，我得到了相辅相成的正面效果，而使我对自己所追求的艺术之道，有着无比的信心。

阮义忠：您从事了近十年的版画工作，版画对您除了表达方面的称心外，是不是比其他艺术形式来得更具体和更有内容，而您觉得它和其他艺术形式有何不同?

廖修平：十年来的版画制作，使我把它当成个人艺术表现的当然手段之一，而不可否认，我从版画之制作过程得到不少乐趣及充实感。至于作品是不是比油画来得具体、有内容，就很难说了。我的油画作品数年来不曾有机会在台湾发表，让大家过目批评。而实际上，这些年来花在版画制作的时间较多，作品的分量似有些偏重在版画。但我总觉得一位艺术家，假若有了将独特思想及观念表达出来的欲念，他可以用任何形式去表现它，但总该有一样最适合表现这些思想、观念的方式。油画、素描、版画，甚至雕刻，这些都是艺术家要表达自己思想的手段；我们所要关心的是，艺术家如何去发掘最适合自己表达及传递的形式。在外国，艺术家经常尝试各种不同形式的创作。本来嘛，做版画不是版画家的专利。油画家、雕刻家不只会做，而且也该做，即使是借重印刷师的协助，照相师、摄影师和建筑家也可以合力制作。我个人深感实行重于理论，在可能的范围内，身为现代画人该尝试各种不同形式的创作。

阮义忠：您在一九七二年九月十九日的《中国时报》海外专栏上所发表的《版画的性格与鉴赏》一文指出，不同的技法将产生不同性格和版画。以您目前的画风，您觉得哪种技法最适合您？并请您谈谈技法和内容的关系。

廖修平：我目前的画风偏向简洁的形状、明确的色彩，构图则力求明朗大方。版图方面，用彩色铜版或绢印（彩色部分）和铜版压印（浮雕部分）之并用法为佳。油画则利用水性颜料（Aerylic）的平涂，加上金银箔的古法粘贴，以求富丽堂皇的效果。且间用喷漆上彩法以求画面空间的层次感。

每一位美术家所惯用的技法，自然也是他最喜爱的表现法。但是技法也会随着自己的思想、理念而演变；一个艺术家缺乏创新是无法自我原谅的。因而不管技法是幼稚或老练，我们应有不断超越自己的决心与努力。尤其是年轻的画家，不该老是停滞或固定于某种技法和画风的。换句话说，技法和内容是一体的两面，一个变另一个也跟着变。而在这相互所引发出来的“变”之下，创作才有意义，艺术也才有价值。

阮义忠：您在美术杂志上也有一篇论及版画艺术的文章，在那篇大作上您曾很详细地讨论了版画的含义。这里我想再请教您同一个问题：什么才是版画？为什么要这样去分割版画与非版画的问题？请您作一个简明的解释。

廖修平：这个问题我很乐意一再重复申明，因为台湾人士一向对版画有所误解，连所谓的“版画家”也不例外。台湾的一些“版画”作品实在不能算是版画，那些利用滚筒直接辗色在纸面上，以及利用漂浮在水面上及玻璃板面上的颜色吸印在纸上、布上的作品，都不能说是实实在在的版画。因为版画之为版画，乃在于它是“间接艺术”。是透过“版”这个媒介去完成的，它的“间接性”决定了情感的处理态度和手法；它的“复数性”决定在社会背景上。而台湾这些版画充其量只能算世界艺坛上所称的单刷版画(Monotype)。而“间接性”及“复数性”正是版画艺术之别于其他艺术形式的地方。它的“间接性”使版画发展成一种特殊的表现方式。它的“复数性”非但没降低其艺术价值，反而使版画更适合今天的文化背景和社会环境的需要。版画的表达领域和内涵之丰富性是不容忽视的。

阮义忠：我觉得“技法”可以看成是一种“视觉问题”；也就是说，一个艺术家“看自己”和让别人“怎么看我”的方法问题。您能不能谈谈您的艺术内容和您所使用的技法，换句话说，您的创作是如何自我审视，以及如何让别人来看您的？

廖修平：美术品本身就是一种“视觉问题”（音乐是听觉问题，不是吗？）。美术家是假借工具，利用技法来表现自己的内心感觉。然后才让观众去欣赏他的作品，因此我们可以简单地把它列为下列的程序：

宇宙间（大自然）的事物——艺术家的心灵——艺术品——观众

我总觉得天地有情，大自然事物有阴阳之分、冷暖之别。就是不管我们所处的是多么干燥无味的工业、机械化的社会，人们不安于这种喧哗吵闹之世界，喜、怒、哀、乐之情依旧存在世间，以证实人之所以为人。我们甚或可以说，因社会的机械化、消费物质的跋扈而使人产生相抵的理念，即在紊乱中企求秩序的产生、精神的安定。因此我常假借日常生活中的通俗事物将之象征化。试图以明快的秩序来处理画面，用以唤起人们注意到悠长无垠的宇宙中，人及物既然是瞬间的存在，与其无谓地在技术文明、机械压力下长吁短叹浪费时间精力，倒不如积极努力于调整与物之间的和谐。我们有重新去认识我们身边的事、物的必要，透过它们，我们或可窥见宇宙大自然的悠远长存及广育万物的胸怀。也许因此我们能抓住在沧海中的一粟自己，而与万物同在、与宇宙同在。如果观众能有如是的感受，那么一位艺术家所想传达的意念，可说是藉观众的这种悟而实现了。这种从传递到体悟的过程正是上式的逆式：

观众——艺术品——艺术家的心灵——宇宙间(大自然)的事物

就我个人浅见，今日的艺术家不尽是如同以往被人视为天才，关在象牙塔君临众人的存在；而是在凝视人生之余，还能完全理解现代社会问题的普通人罢了。以前的艺术家往往脱离现实社会，以超脱世俗尘世来表白清高。但今日的艺术家却不然，他必定要从这平凡杂俗的人间去寻找人的存在意义、人生的究竟，才能找到属于自己的文化、自己的精神和自己的情感根源，才能找到自己的艺术形式和表现方式。

艺术品是艺术家深奥感觉的反映。艺术家既得通过今日因科学工业化而产生的规格化、标准化的社会环境，从这杂乱的世间创造出一件非常而具深奥感觉的作品，那他当然不但得随需要在技法上求改进，且在其表现方式上也得随其本身的思维演进。我觉得这些都是逐进式：技法和内容应该同时并进；至于哪一种先哪一种后都不重要，但却不得缺其一而独立，否则就变成匠人或思想家了。

而您所提到的视觉问题，也正是作品的“形和色”的基本问题。画家借这形和色来当作表达自己内心感觉的手段。“色”宛如画家的血肉，“形”宛如画家的骨骼，因此两者对画家本身有不可分开的重要性。要是没有这些形和色，那么宇宙间的一切事物就是在你眼前，你也不会感觉到的。艺术家的使命就在于利用形与色的重新组合，使宇宙间的可视或不可视的事物，以新的内涵来唤起大众的注意、醒悟。我想这就是艺术的“视觉问题”。

阮义忠：从一些对您报道的文章中，可以知道您小时家前的龙山寺对您有很大的影响。近年来您的作品中也有很浓厚的民间艺术色彩，但是最近您的画中台湾民间艺术的本质似乎少了，这是什么缘故？

廖修平：我在巴黎的早期作品以庙的事物为对象，穷尽铜版画的特性，利用其形状色彩将画面装饰化。结果获致浓郁的民间艺术及宗教色彩的气息，是而一般人较易看懂接受。其后我一直在同一系统上下功夫，只是力求从以往复杂拥挤的形色中找出简单明快的秩序，以达到更活泼有力的表现。这发展是前后有连贯性的，是以我的“本质”并没有变，只是表现方式及构图用色较为开放大胆罢了。相信看了我今夏(一九七二年)在台北历史博物馆和台中图书馆举行之十年作品展的人，会看出我前后的作品，是有一息相通的脉络的。

我的作品在海外经常为画界人士指称为“东方味道太重”，有些画廊也曾以这个理由拒绝了我。可是我身为中国人，自觉并没有非学洋人时尚的必要。在早期作品当中，可看出我是故意强调描绘出庙的事物，但目前作风再也不刻意强调，这些事物已成为自己体质的一部分，经常自然流露在画面上。今后我的画风会如何改变，自不能预料。但民间艺术本质之继续循环，在我的创作热情中，起码还会延续一个时期是无疑的。

阮义忠：我们仍想提到您作品中“门”的观念，您特别喜欢用“对称”的构图和“对立”的体裁。在您的生活当中是不是有什么主题一直在盘旋着，您和它又有什么关系？

廖修平：相信您也看了我以“门”为题目而作的诗(笔者按：见此笔谈录前言所引)。那是我在巴黎制作油画中最困扰难进的过程中觉悟到的，是我空前恐怕也是绝后的唯一一首诗。对我个人来讲，门有如童话中潘多拉的盒子，在打开每一扇门时有好奇的等待，但等到门开后，所得的结果却是另一失意的苦恼。总希望能永远留在每一扇门后——更进一步认知事物的希望，就是在倒退时还可以前进的希望，在艺术园地垦荒收成的希望——无疑这些希望是我艺术生命的支撑，推我前进的力量。

谈到我表现与构图上喜用的“对称”和“对立”，乃是根据我们生长之文化背景而来的。试看中国人生活环境中的事物，不是被“和谐对称”的习俗观念支配着吗？于是门左右的神像、筷子、对联的成双、龙凤相配都成了吉利的象征。而阴阳加减、男女的相调是宇宙万物得到和谐繁茂的观念，这正是我“对称”、“对立”之造型及体裁的渊源。反观西洋，常以个人为重、奇数为吉，而不对称才是美好的观念。由于我们所受的教育，难免偏向西洋的美学理念，才有讲究不对称美的倾向。其实对称不是死寂、停顿，而是相对立之事物间的张力达到饱和极限时的状态，但它当中也内藏着均衡状态崩溃前的危机。但无论如何，人类自古至今所祈求的，即是紊乱中的秩序，紧张中的平静，杀戮中的和平；那么对称均势该也是解答的一种吧！

阮义忠：您的作品中时常重复一些“符号”，它们在您的艺术生命中是如何形成的？

廖修平：庙内外事物，一直是我热衷感兴的所在；献给鬼神的金银冥纸也不例外。善男信女寄托冥纸、祈求鬼神的精神状态非常吸引我。而这些冥纸、鬼符之上，常以最简陋的方法印制的日常生活用具造型，有些非常朴素感人，只是一般人平常不太注意到罢了。我一直认为艺术不可脱离生活。我对生活的关切使我有重组日常生活有关物品，使它们蜕化成简朴单纯而有力的造型，将之摆入作品的意念。这构思一碰上冥纸上形象的再次提醒，就在我画面上具体化了。这也就是你所提起之“符号”的来源。它们代表着房子、窗、剪刀、杯、盘、伞、鞋等日常生活的事物。这些东西本是古人为了生活上的需要和方便而创造发明的，而随时代演变改进。可惜很多人只知道利用，而极少停下来注视其存在意义对我们是何等的重要。我在此提出它们，一方面是让大家重新认识它们在人类生命延续上所扮演的角色，另一方面愿以此提醒大家：不同形性之物也有其共存之理、相对之性。那么世间不同理念的存在、不同流派的并存、各形各色人物共存的可能，也该被承认而接受吧！

阮义忠：您如此热爱民间，用平凡的日常事物之存在意义来形成自己的艺术符号，很值得年轻人借镜。最后我想请您说几句话，给年轻习画者作为参考，并作为这篇笔谈录的结束。

廖修平：这我实在担当不起，不过我希望大家能针对现实社会之问题，来探讨自己的艺术在社会中的意义。那么我们将在这些最平凡最卑近的事物中，认识我们文化的演变因素。如此，我们对这些事物将会有实实在在的亲切感。而这种亲切感正是我们与事物和宇宙大自然的和谐关系。当然，我个人也只不过是在尝试的摸索阶段，前途对我依旧是未知数，但继续努力探求则可以引导我们找到希望的门径。我愿以此和年轻一辈的习画者以及同好共勉之！谢谢你对我的关心，谢谢关心我的朋友！祝福大家！

墨韵与灵性的存在

赵春翔访问记

一

如果我们对赵春翔先生再继续忽视下去，那将是艺坛的一大损失。赵春翔的处境如同当今扬名世界的蔡文颖先生一样，在台湾很少人知道他们。蔡先生为目前世界感应艺术(Cybernetic)的先锋，是在国际上受到最大重视的中国艺术家，但台湾有几个人晓得他呢？而赵春翔以同样的情形在海外扬名却在台湾缄默。因此，我们计划继赵春翔的访问后接着专访蔡先生，以重新认识他们辉煌的艺术成就。

至于赵春翔，闻某美术杂志亦将于近期内刊印他的专辑，以全书的篇幅来介绍赵先生的作品和论介他的文字资料。台湾画界人士及习画者将可系统地了解他。而本笔谈录更是由赵先生本人亲口道来的他的生平及艺术发展历程，相信可稍稍弥补这近二十年来台湾

赵春翔摄于纽约帕里什美术馆为其举办的个展看板前，1972 年。

艺坛对他的陌生。

我们不必将任何一位艺术工作者视为天才，但我们的确应该认识他们的艺术价值，这种认识比什么地位的肯定，都要来得实在和有意义。赵春翔的艺术在我们这个时代中，有其独特的位置，他的画无论在技法和精神上都有他重要的贡献。这篇访问记是笔者目前所进行的海外画家笔谈中，篇幅最长的一篇。赵先生的文学才华，使他能如意地作自我心灵的全面分析及剖露。他的自述完整呈现出他艺术的形成经过，并尽情尽性地表白他的民族感情，所以就成了一篇画人的个人奋斗史，及片面的近代美术简史。

阮义忠：您早年学画都在一九四九年前的大陆，那时的社会是动荡不安的，是什么因素使您决定了画画这条路子；而当您决定了自己的路子后，又是什么力量使您能坚持自己的信念和创作冲力。

赵春翔：我坚决选择绘画之路，是一九四九年前的事了。

“爸爸，您要在石板上画个画儿给我看，我才去认那个‘人’字。”这是我六岁时，答复父亲在家第一次教我认字时的一个交换条件。这个要求对他而言是轻而易举的事，因为他是一个一生以画画自娱的秀才。他收藏了不少古画及很多宋体木版印的古诗、纲鉴、四书五经、三国、水浒、红楼、老残、西厢、程、朱、老庄等书籍。但我当时最有兴趣的是他积存下来的一些绘画稿本。每当他外出远游时，我就把那成箱成捆的白描纸稿本，不停地翻呀，翻呀，一张一张仔细搜寻着我要寻找的东西。当然我要的不是那些六尺大的佛像、人物、飞仙、竹梅之类，倒是一些小品花鸟、小动物、草虫等最合我的兴趣。这时候也没有想到父亲是怎么会搜罗来这么多的稿本。这些东西，成为我内心里最值得心爱的宝贝，这成堆成捆的破旧稿本，包藏着多少不可言传、奇妙的玩意啊！

我生在河南省太康县城内。四岁时随着父母亲离开城里祖上遗留下来的一片楼房，搬到乡间长住。我就在离家不远的一座佛寺里的小学校，接受了启蒙教育。这座独立寺院建筑得相当精致宽大。附近的富有人家，时常借用寺院的后厢作为祭祖或送终的大典祭堂。这时，从远方请来一批扎纸匠及画工，做一些童男童女及棺木盖罩的祭仪布置。在棺罩的周围及阁楼式的盖上，经常画些升天的故事，以象征超度的意思。画工用他的秃笔很熟练地着这个颜色着那个颜色，再用小尖笔迅速地勾些乱线条，几个人像已是翩翩欲飞了。一位老画工发觉我看得这么出神，悄悄告诉我说："这是八仙啊！"当时我内心实在迷惑得很。一个人能在这么短的时间内，在一片空白的纸上点化成飞舞的八仙，这一定是个大仙人了。

这学校的李老师，有一个比我大两岁的儿子。每在午饭后，他总要带我出去，在犁过的田地里，找些干透了的黄土块带回来。用他的小刀在这干泥块周围乱挖一阵，一座盘脚人物立刻在他的手中出现。当时我对他的钦佩实在难以形容，虽然我常因屡次挖造都没他那么活生生而感到失望。但我对于这件事的“欣赏过程”之参与、爱好，有着无限的兴趣。有时我甚至还感到疑惑，这世界真有这么一回事？有这样奇妙的人吗？而最不能忘记的是，我们一起用瓦片磨洗用久了的写字石板，当瓦片和水慢慢成为流浆似的时候，将石板竖立起来，任其自然下流，石板的本身是沥青颜色，瓦片则为淡灰。这两种色彩在水的渲染下立即呈现它们的距离而幻象百出：为山，为水，为云雾，为鬼怪，为冰箸，为狼牙，为垂柳迎风，等等。这种偶然成像的“侥幸玩意”，对于我童年满怀好奇的直觉，加添了更多宇宙的神秘感，以及对形象美的启蒙式的接触。

随着年岁的增长，对于这个大千世界有着更广泛的兴趣了。农业的春耕夏耘、秋收冬藏劳作生活的秩序；敦厚坦诚，崇尚道义，互助互爱，睦邻敦亲，长幼有序，待人接物的规范美俗；修桥，铺路，乐善好施，公益善款捐助绝不后人的人间德爱；箪食瓢饮，半碗高粱下肚，引吭高歌的豪情逸致；杨柳荫下，曲肱而枕乐天知命的洒脱；长风万里，麦浪遥垠天边云飞的大自然的旷达；一湾溪水是云天飞鸟日月星辰的镜子……爷爷、大叔、大妈、二妈、大哥、二哥、四妹……这是我们远近村人互相称呼的声音。“大嫂——”母亲知道这是隔壁邻居穷老头的声音，忙出去迎接他。“我知道今天是春翔的生日，特地煮了两个鹅蛋来，是今早才生下的呀……”说着随手把鹅蛋在我面前滚来滚去，口中念念有词：

“多福多福，消灾消难。”我叫了声“谢二叔——”，他摸摸我的头，笑了。还有一位凹叔，是我家种田的领班，很多年前就想买一件羊皮筒子——羊皮外衣。他人虽很能干，但爱赌博，某次大输后，太太要抱子寻死，凹叔痛悔之余在马房里蒙头大睡，我一直守在他身旁等他睡醒过来，当他翻身下床时，我亲切地向他说：“凹叔，等我能赚大钱的时候，给你买个羊皮筒子。”他揉揉睡眼向我说：

“要买买直毛的，耐穿，不容易脏。”

“那么凹叔以后就不要再去赌钱了，省得凹婶……”

“好孩子！”

他那么多的泪，一下子滚出来滴在我面前的地上。诸如此类的感人故事不知有多少。我就是在这样的田园乡村里长大的。那些真实故事的婉转曲折，以及背后所存在的伟大情魄，在我内心里奠定了来日事业前途的基石。而我的个性，在这环境浓烈气氛的熏染下，早已塑造成像邻家小朋友们一样的农夫型的孩子，直到今日，不欺世，不媚俗，随遇而安，酷爱大自然与群众的气质，始终未曾脱去农夫的胎子。

后来，这个乡村小世界简直是我一天到晚永远忙不完的乐园。在家里成天找古书上的木版插图看，武侠飞刀、关公、孔子、李、杜等木刻像及故事插图，更挑一些平易的诗文看看，玩赏长久搜集下来的哈德门香烟盒的画片；用放大尺画炭精人像；做鸟笼，结网(分丝线与马尾两种)，扎风筝，做鱼钩，泥塑玩具，刻桃木方剑，拉胡琴，养鸟、狗、猫。要不就是去钓鱼、猎兔、养羊、骑马、拳术、练跑、种树栽花、移花接木、压枝、做火药、足球、游水、找蝉及蜻蜓蛹(入夜脱壳变成虫)……数不尽的田园情趣。记得有一次，我苦心计划很久想做一个小汽船，但始终无法完成。还是后来在杭州艺专就读时路过上海，在外国玩具店里，看到这个我曾有心筹划但却无力实现的用蒸汽推动的小汽船。而母亲对于我做过的这么多事当中，除了喜欢我的胡画，还喜欢我接枝的石榴树，这棵栽在她窗下的石榴，每年都有火样的花朵开放。妈妈最不喜欢我的是，我把叔叔从江南带回来送给我的一个新手表，拆卸后没办法装妥还原，还有就是我把家里的温度表放在锅里煮，看它是不是会升过一百二十度，最后竟爆炸了，水银爆破烫伤了四弟的左眉，幸而没有伤及眼睛。还有一次用太阳发光镜灼伤他人，为了试验忍痛程度等。虽然如此，妈妈并不把这些事统统归之于罪过、顽皮。我想她定是把那些事一并归入到人类对于“宇宙的认识欲”，因为她永远爱她的孩子。她是那么真挚，真挚得使我流过千万次的泪。

在开封中学的六年生活，完全是在五四运动的余浪中咆哮似的度过。虽然是余浪，但那一批教授、学者、工商界人士、青年学生及不堪受虐待、数批集团回国的留学生，仍以现代自然科学、社会科学、人文科学的新知识为改进国家的理念，这股热潮仍高涨无比。日本于一八九四年在中国发动甲午之战，实现了征服朝鲜的侵略欲望，并占据台湾及澎湖列岛。一九〇五年日俄战争之后，我国又遭池鱼之殃，丧失了旅顺大连、长春铁路及其支线，日人并胁迫我国将安东奉天间军用铁路改为日本经营，稍后还夺取我青岛及山东省大部分行政权。一九一五年迫我接受“二十一条”，一九二六年公然派兵四千至山东阻止国民革命军北伐，炮轰济南革命军，殉难者千余人，并将我方交涉代表蔡公时及随员杀害造成五三惨案，武力夺取我东三省，造成一九三一年的九一八事变。其他如五卅惨案、卢沟桥事变、万宝门事件，我军民无辜受日本人有计划的杀害淫掠何止千万计。这血淋淋的血债对于当时青年知识分子刺激性最烈。我们在高班同学的指导下——其实是学生会长得到刚留美回国的郝校长指导的——持旗游行、贴标语、喊口号、写宣传文章、办壁报、演话剧，随时随地给民众解说国情。在群情激动的时候，有的同学投效空军，有的断指血书“还我青岛”、“至死不做亡国奴”，有的上血书，有的染血旗，实在感动人。我记得很清楚：我参加一次华北运动会，见东北籍运动员的裤子臀部，是一面日本国旗，大家叫他们流亡学生，给他们食物礼品，以示同情。同时，我们也非常崇敬韩国志士尹奉吉在上海虹口投弹炸日酋的爱国壮举。遗憾的是，末期的学生运动慢慢变质了。学校当局及家长都曾严加制止。而父亲的告诫，我觉得也非常有理——“学生把功课做得好，将来成为有用的人，也是爱国。”从此中国唯一的、真正的青年爱国民族运动，慢慢地消沉了。

以我这种农夫型且兴趣多端的人，在这种火辣辣的新环境之中，新书籍、新杂志(据统计有千余种)、新观念、新思想、新办法刺激下，再加上国仇家恨的萦绕，当时只恨自己不能为国家做些事，而不得不违背了父亲的命令——他希望我做一个文学家——终于选修了梦寐以求的艺术科(笔者按：为河南省立第一师范学校艺术科)。教画老师李剑晨先生是北平艺专毕业、河南唯一的好画家，国学老师是权威教授张默生先生，私心深觉无限快慰。当时出版界一窝蜂地发行了很多的书籍，对于艺术方面的也介绍了不少。我的空闲时间大都在图书馆、书店、杂志报纸摊逛，寻找我要的东西。追忆当时读过的书如：《罗丹艺术论》，罗斯金《艺术论》，托尔斯泰《艺术论》，树人译的《近代西洋史大纲》，朱光潜的《美学》，潘天寿编的《中国绘画史》上下册，刘海粟编的《西洋美术史全集》十二册，丰子恺译的《艺术概论》、《色彩学》、《构图学》，《故宫月刊》，林风眠的《中国绘画之新估价》，四库全书部分之《佩文斋书画谱》，石涛的画理辑诠及《画语录》，罗曼·罗兰的《贝多芬传》、《凡·高传》，曼殊大师的《断鸿零雁记》，大仲马的《侠隐记》、《三剑客》，歌德的《少年维特的烦恼》，夏康农译的《茶花女》、《曼侬》、《茵梦湖》，《莫泊桑短篇小说集》，卢梭《忏悔录》，王尔德的《狱中记》，德国凯绥·珂勒惠支的版画及速写，《阿Q

正传》、《彷徨》，老舍的《赵子曰》、《老张的哲学》、《骆驼祥子》，曹禺的《家》、《日出》及南方创造社郁达夫、成仿吾、田汉与当时被评讥为“哥呀！哥呀！郭沫若的‘落叶’啊!”的郭沫若《落叶集》，北方胡适的《尝试集》，南方白话诗人徐志摩及林琴南的大量文言译作。我所涉猎的以《贝多芬传》印象最深，译文之美真是铿然有声，字字珠玑。这位法国近百年来最大作家罗曼·罗兰，曾于我国对日抗战最艰苦时期(民国二十七年左右)联合爱因斯坦、罗素、杜威等大科学家、哲学家发起国际性援华抗日运动，在当时对他更觉亲切。《罗丹艺术论》、《佩文斋书画谱》及张默生老师逐字讲解的老子的“道”，对我一生亦影响甚大。中国古籍的欣赏，我比较偏重于文藻意境的美。(以上的文人、画人中，有的已经作古，有的遭受磨折，有的已变节败德。)

当时艺术学校及成名画家也不少。出名的学校有：林风眠创办的国立杭州艺专，徐悲鸿创办的国立中央大学艺术系，唐一禾创办的私立武昌美专，颜文梁创办的苏州美专，刘海粟创办的私立上海美专；北平有邱石冥京华美术学院，国立北平艺专，北平辅仁大学艺术系；南方有广州美专，私立上海新华艺专；另外上海白社社员有潘天寿、张书旗、储闻韵等名家。当时最为国人所崇敬的画家，西画界有：林风眠、徐悲鸿、吴大羽，均以油画著称，林、徐二氏并作中国水墨画。而徐悲鸿、张弦、唐一禾、方干民、叶浅予(后期作品)等之素描名噪全国，关良的作品始终以发挥国画墨韵及大写意境界为鹄的，并能融合当时西洋绘画之时代精神，颇有超人成就，后来成为齐白石以后的重要画家。有位捷克画家齐提尔，执教北平国立艺专，擅素描水彩画，为中国初期西洋绘画栽培了很多善良的种子。国画界有：齐白石、吴昌硕、黄宾虹、溥儒、潘天寿、李苦禅等，都是时人钦佩的对象。而那时大陆是那么广大，人口又是那么众多，当时自认为名画家者多如牛毛——但和目前台湾有四百个“画室”教画、遍地“画家”的情形相比仍嫌逊色——而丑相百出犹令人叹为观止。如以舌头画画而大事招摇、以臀部着墨大印荷叶而自矜为天才、其他还有月份牌(月历)风景美女的画工，而自己宣传为中西合璧名画家者；有作假画重价出售骗人者。前者均为个人行径，自不便置评。但后者在鱼目混珠之下使天下碧眼人对于购买中国近代画视为畏途，至于有人自豪为三绝等妙事更不值一谈。以上情事均为早年记忆，其中或有失错，但此仅为当时个人之浅显认识，以备来日投考艺专之前奏准备而已。在缜密的考虑之下，我终于在河南省立第一师范学校毕业后进入国立杭州艺术专科绘画系就读。

国内有一句俗谚：“上有天堂，下有苏杭。”杭州又称西子湖，以西施之美娴情态来写照西湖之丽雅。杭州也为大江南北文物鼎盛之通都大邑，是江南历代文人雅士之集中地。描写西子诗文甚多，不敢在这里续貂。但在我的感觉里，她是一个含情裸卧的处子，那终年四季惯有的毛毛细雨，给她披上一件薄薄的细纱。晚风懒洋洋地递过来远处的低调钟鼓，再配上一片片桃花落地的声音、情侣依偎着，随画舫漂浮荡漾……残雪、春晚、秋月、夕照等，都是这倾国倾城的西子勾人心魂的妩媚。国立杭州艺术专科学校就设在这环山抱水、小孤山前的“哈同花园”里。“哈同”是犹太人以一块银币为年租，供艺专设校之用，由留法七年的林风眠组校。分四系：绘画系、图案系、雕塑系、音乐系。绘画系的教授有吴大羽、方干民、蔡威廉、李超士、潘天寿、李苦禅、张红薇、林文铮等人。图案、雕塑、音乐三系除雷圭元教初班图案，李树化教音乐系钢琴，刘开渠、王子云教雕塑外，其余均由外籍教授担任。音乐系礼聘上海工部局交警乐团总指挥、小提琴家波罗哥，俄国图案家杜劳等分兼教授图案、雕刻课程，这种广聘人才的做法实为当时国内艺术教育界不可多得之创举。教学方法充分发挥个别辅导的自由方式。尤其是高班同学，教授上课差不多都是在个别问题解答的情形下进行。针对着学生的作品及问题，进行实际实验。我在艺专时期多是林风眠、潘天寿、方干民先生亲自指导的。每逢星期三、五上午是林老师到教室的时间。有一次同班同学夏明把一个胖胖的雪白皮肤的女模特儿，画成金黄色铸铜感觉的人体。他求教老师时，同学们都为他捏了一把汗，深恐对他有不好的批评。但林老师说：“不妨再充分加强一些。”他反问道：“是不是太黄了？”林老师说：“还不够黄。”另外有一位同学有意按照当时林先生以条块色彩的运用法作画，请林先生指教。林先生说：

“你可不可以告诉我，你为什么要用条块形的色彩作画?”

“我看到校长是这样画的，我想临摹……”

“你应该在自然对象上去追求，不要临摹任何人!”

“校长的作品也是自然界的一部分呀……”

“但世界上人人尊崇的是第一个马蒂斯。”

“……”

国画每周两个下午，潘先生，大个子，博学健谈，经常笑嘻嘻的。有一次我问他：

“潘老师，我想请您把中西绘画合璧的看法讲解一下……”

“你希望以国画为主还是以西画为主呢?”

“我现在还没有什么意见，但我觉得合璧很有必要。因为数百年来中国绘画都是临摹，缺乏新的灵感血液。应该有一番大的改革。”

“你认为非中西合璧不可以改造中国绘画吗?”

“……”

当时我是一个艺专的学生，哪能正确地答复这样的重大问题。

“你有这样的看法已是很不错了。但你首先要做的，是对中西绘画作各方面的了解，发现双方的优劣，然后你才可以有选择、操纵的能力。合璧，分璧，我想到那时候你自然能有取舍分辨的能力了。总之，好自为之可也。多榻榻，总是好事。”

“多榻榻”是潘天寿先生教学的口头语，当时只觉得是多画画的意思。最后才了解意思是在无关心之下，畅所欲为、尽情尽性地画下去。不愧为大家卓见。他的作品善用重墨，赫然逼人。

我们全校四系的学生并不太多，招考时一切考试成绩均属次要。口试才是决定录取与否的最大关键。口试时，校长、全体教授均在场，由秘书长主试。最先问的两个问题多是为什么投考这个学校，其次是报告家庭状况等。入学后才知道很多投考的人，都没录取。并不是学科考得不好，有的是家庭经济状况不好，有的把画画弹琴当成好玩，有的是有钱的子弟来混文凭的。学校抱着宁缺毋滥的精神，招收对象均是以艺术为事业前途的学生。如此才可能为国家造就一些有用的艺术人才。

那时候我们美术史的课程，已经使用幻灯放映机了，可以把彩色、黑白图片及文字理论放映到特设的大银幕上。图书馆是用石块为基柱，建筑在水上的一个宫殿式的楼房，收藏了世界各国的艺术杂志、报纸及书籍画册，绝大多数的中外古今有关艺术的书籍及画册，在那里都可以找到。晚上看书的学生太多，四个管理员忙不过来。后来校长下令借书可以不必登记，看后归还原处，实在便利很多。我是从文艺复兴时期开始，一直看到当时仅印行至达达及超现实主义前期作品的画册，我逐晚地翻呀，翻呀，仅仅文艺复兴一套四十巨册就够大半年翻阅的。后来日人登陆上海，学校仓皇撤退，所有图书仅运出两小船。辗转至湖南沅陵与国立北平艺专合校为国立艺专后，两船重要图书一直未曾开箱，撤至云南昆明建校。风眠、天寿、吴大羽、李朴园等重要教授均相继离去，国立杭州艺专之精神面貌逐渐模糊。缴上毕业考试最后一篇卷子后，拜辞了师长同学，揉揉两眼离开了校门。

国仇！血债！前方将士、民众前仆后继的杀声震天！重庆大轰炸万人死亡！潮涌的难民！民众捐献！敌后故乡！爸爸、妈妈、弟弟、可爱的家，妈妈的石榴树，凹叔——后为日本人关牢饿死——的羊皮筒子，穷老头给我的生日鹅蛋，画工仙人，父亲的告诫：功课好，做有用的人，也是爱国。张默生老师的特殊鼓励。风眠老师的……人人崇敬的……第一个马蒂斯……潘老师的……各方面的了解……发现……选择……操纵……合璧分璧……判别……多榻榻……啊！在我的面前织着泪影的帐幕，回绕着，回绕着。

离校后的四个月，我邀得云南省绥靖公署的人力合作，在昆明市中心鼓楼四面临街大墙壁上，完成了八幅抗日宣传壁画，每幅均在五十英尺乘三十英尺之上。标题“拥护蒋委员长抗日到底”，“动员云南健儿杀敌报国”，“前方杀敌后方捐献”，等等。这是对当时昆明市民的一个崭新刺激。这次我拒绝酬劳的义务工作比有酬报更为愉快，也正合张默生老师讲解的“上德不德是至德”的理想。这一次成功之后，于斌主教主持的益世服务团，邀我沿滇湎公路西抵千里外的蛮夷族聚居的大理、丽江等地作宣传壁画，我欣然接受，但坚持却酬。精密计划之后，我想，只身独闯，若有病难或意外无人为助实非上策，乃决定邀约同学夏明共赴。在于主教那里拿些盘缠，买些颜色、刷子，我们就上了路。临行时主教叮咛："路上没钱，早点写信回来，我再寄去。"我们两个在蛮荒番夷的山区、城市、村镇里，三个月内完成了大小壁画五十余幅。归返时，手头余钱仅够一人回来，商量的结果由我先走。至大理转车，不料车费涨价，预计之款不足。徘徊皓月之下，苦思不得解救。迎面突然有人叫我，原来正是我在昆明画壁画时的公署科长，正值急难之际巧遇千里之外，尤其是在夜深月下，真是巧合，遂得款助而返。

为国家的需要，为自己的良心、责任，我暂时舒了一口长气。以后辗转在大西北及终年积雪的祁连山下，与克萨克同胞在群山里居住半年，作画一百余幅。当时艺术用品奇缺，只好用水墨、土颜料、棉纸作画。这大西北的文物风貌、美兮幻兮的桃花雪山、万里平沙，野马依风嘶叫；大长城的峻伟以及逃亡时经过的千山万水，蛮荒同胞的热情；古今中外的大画家宝贵作品的伟大启示；人间爱的温暖的召唤，由幼年时候对世界具有的神秘兴趣；这一切一切都渐渐移转到笔墨表现下的成果之中。它替我尽情说出我要说的真话，尤其是在方法上它更替我展现较广泛、庄严、博大的人生。中国、欧洲、美国……我还是翻呀，翻呀，找寻我需要的东西。像小时候一样，我把纽约城当成父亲的一堆破旧棉纸的书画稿本，冲击着我。这浑然无言、浩瀚无边的它，从童年直到现在，强有力的、硬性的、苦涩的、迫胁性的，随时随地在支配着我生命每一瞬间的过程，驾驭我心肺的每一次跳动与呼吸，让我轻轻眯起眼睛，高高举起手臂，像蝉翼一样在空中飞舞！尽情地飞舞吧！……我知道去摘取史前伊甸园失去的圣果，为时过晚。再飞舞，再快些！再加快些！停！立刻停！不准动！……无尽，无尽尽，永无尽尽！虽然我曾有过多少次，在深夜无人的纽约市郊汉森大河公园枯坐达旦，长望着夜空，求告灵悟！想在被人杀害的妈妈墓前，再栽一棵接枝的红花累累的石榴树，已是万不可能的事了。让我将这番苦心转赠给祖国与人群吧！也许我幼年时千方百计为了寻找我所要的东西——创作的神秘感，我将不顾任何人间的苦难折磨，而捐献出我身上最后一滴热血，因为它将是我此生此世追随我最久的，来日的唯一陪葬者。

二

赵先生访问记的第二篇虽只有八则问题的对答，但全文已达一万四千余字之谱。这八则问题在赵先生详尽而生动的回答之下，使我们看清这位年已六十有一的“老”画家的“童心”。这童心是赵先生对自己生活的肯定、对精神层面的追求、对艺术智慧的探索。真的，说什么都不能让人相信他已有一大把年纪了。

本篇的前两则问题，系赵先生的艺术风貌的演变过程及因时代潮流所受到的考验，可以作为年轻习画者的借镜。中间的四则问题，系赵先生创作精神的自白，其中表明了他个人对灵性的追求和创作经验的苦乐谈。而后两则问题，则针对中国画的未来前途作个人见解的发挥。这都是很有价值的意见，也许能给有心于中国艺运的人士以有益的佐证。

本篇笔谈的前后次序，我曾作了很大的更动。用意是想使三部分一方面能连成一体，二方面能个别自成系统。也许处理得不很圆满，这是笔者学力不逮之处。感谢赵先生的信任，给我以全权处理之责。若前后次序更动有欠妥当，请赵先生和读者见谅。

阮义忠：先生旅居海外十多年了，十多年来您一直处在另一种社会里，这个社会是不是曾经改变了您的创作方向？在不同的社会中您以前所形成的艺术面貌，受到些什么考验？这些考验给了您什么感受？

赵春翔：一九五五年我由台湾到马德里。当时于总主教（现为枢机总主教）已先安排好了一个奖学金给我。当我住定之后，因为生活没有顾虑，就有计划地把当地的美术馆、画廊、美术学校、私人画室、当年西班牙举行的全国博览会、各省不同的乡土代表性的歌唱舞蹈及美术方面的展览、当地旧王宫存留的古代壁画等浏览了一遍。他们的戈雅（Goya）、格列柯（El Greco）、委拉斯贵兹

(Velazquez)等画家的作品及希腊式的建筑，在杭州艺专以前已经看过了图片、介绍等，所以对于我毫无新奇之感。当时初期抽象画正在进展的时候，而诸多画廊展览的作品仍颇为保守。几个月的观摩，知道自己以前毫无抽象绘画认识的准备，因此一时无法接受这些与往昔不同面貌的作品。但，又怎能在去海外之前有所准备呢？当时外国画报杂志不能进口，即使有一两本美术杂志又读不通。画友们所谈论的题目大都是共知与不共知的问题，幸喜台湾的风景是撩人的，只有无目的地画一点有形的水彩风景画混混日子而已。智慧再高的人，也没有办法知道西方正进行一种抽象形式的艺术。当时，这种艺术就像火焰般燃烧着每一个西方大小画家的灵魂，编织成十种以上不同的路线在进行。

马德里都城建筑在西班牙境内最高的岗岭上。空气稀薄而干燥，我时常感冒、头晕、失眠。在那里住了大半年之后，我就迫切地想去巴塞罗那城。这个二百万人口的城市，包括现代名建筑家高迪，毕加索、米罗、塔比埃斯诸多现代权威画家都在那儿生长，城里还有他们的画廊及作品陈列。我向往那些具有崭新现代艺术的都城，想去呼吸一些新鲜空气；去接受他们的现代灵感来医治我的头晕、失眠。终于在一九五六年我如愿到达巴城，并由萧勤(笔者按：著名的抽象画家，现客居意大利米兰，当年东方画会之功臣。)介绍，很顺利地加入了西班牙皇家艺术学会为会员。会员可以每天前往画室作画，每日有男女模特儿各一，分担画室十二小时的速写、油画等工作。在这里我画了很有试验性的作品，几乎很少有时间分神去做其他的事。当时我的创作有一处最大的关键问题：如何由具象而半抽象而抽象。周末我总要到海边渔船停泊处去尝试半抽象的水彩画，到近百张的时候，我确实找到了我所要求的东西。巴城是一个文化城，临近法国，为西班牙重工业及经济中心。很多法国画家在那里展出，艺术气氛非常浓厚。唯一的困难，就是当地人民生活廉宜、画价甚低，购买力差。求知欲的冲击与环境的诱惑使我变得年轻。像返回到十几岁时候的孩子一样，我计划着来日的巴黎之行、纽约……终于草草地在巴城举行一次画展，找点路费后，送走了从马德里养大善叫的非洲小鸟，到巴黎去了。这个闻名世界的花都，我在那儿待了两个月，并不觉得有什么可留恋的。卢浮宫的收藏固然很多，但我没有办法在蒙娜丽莎的面前多站一会，却可以面对着六英尺见方的空白画布凝视整天整夜。在纽约城中的画室里，我的创作欲更为猛烈，常常彻夜不眠。那是一九五八年的事了。

纽约是一个狼牙山似的都城，在那些插云耸立的方方玻璃盒子里边，窝藏着八百余万世界上少有的大智、大愚、大贤、大不肖，以及黑、白、黄、棕、红不同肤色、种族、地域的人，这些人的眼睛每天在震耳欲聋的空间里，紧紧地注视着他们自己目前这一分钟的欲念和喜恶，决定他的下注或收盘的取舍，从事他那可能丧生的大赌小赌的生活。虽然有人贫无立锥之地，像欧洲某王子一样倒卧街头；但也有人富甲天下，他可以买上几个月亮。在这种机会式的蛮干下，二百年的经营把美国纽约造成了世界许多事物的重心。艺术是十余年前开始慢慢从巴黎深海搬了家，选定了这个狼牙山城，一直到现在。它的美国公民证搞好了没有，虽不得而知，但至少它的长期居留绿卡移民局老早就发下来了。我想它这一住至少半个世纪或一个世纪，像所有人一样，一来到这里就想赖着不走。

当时美国艺术界活跃的详细情形，不是我们所要谈的重点。我仅就个人在这个社会所采取的创作方向、发展经过、考验与感想作一报告，以便为后来者的参考。我刚刚到达之后一个月，就决定留下来。因为纽约远较我以前走过的欧亚各国情形好得多。这里所存有的艺术成果，既多又精，而且广泛；无论是上下古今、世界性的、时间的、空间的、综合的，各行各道的艺术都兼容并包。在纽约可以一次看到康定斯基一百二十张画的大规模展览。我曾经在波士顿美术馆一次看到莫奈五十张油画的展出，并可以在芝加哥看到毕加索五丈多高的面孔雕刻。画廊与美术馆不知道有多少。我终于找到我要寻找的地方，找到了我要寻找的东西。面前呈现着一缕纱样的绮丽之梦。当时我去海外还不到三年，在台湾所得到的艺术上的认识、观念及出去后尚未成熟的创作，均与现处的环境、思想有段距离。我像茫茫海中的沙粒一样，既没有游泳的本领，只能潜伏在海底，任过往的浪潮冲击漂浮。最后一个强悍无比的风景，把我卷向表现派的尾岸去。当时我根本没有任何判断去了解这是尾岸的所在还是日中胜境。只知道努力，昼夜不停地挥毫，研究应如何造成凸出画面的材料，以增加表现力的再加强等。两三百张的图稿，帮助了不少作品上的结构运思，与表现形式的探索……干呀！干呀！炉子的开水熬干了多少次，始终没有泡得一杯茶。

不负苦心，画终于上了路。一九六一年，有人上门来买画，而且愈来愈多。纽约亨特大学艺术系学生、哈佛大学艺术系学生都集体来画室研究、摄影；画廊主人相继来访；大教授来画室问长问短，请教关于画面上凸出一英寸仍可卷筒携带（当时未取得长期居留权，故准备随时可以卷筒式携带）之材料配制等；权威批评家艾文卡普及名画家李奇登斯坦（Roy Lichtenstein）、北欧之王卡雷尔·阿佩尔（Karel Appel）与我交换了作品；赵无极先生与李霖灿先生（笔者按：亦为赵杭州艺专同学，现任台湾故宫博物院副院长）的走访；几家大学艺术系邀请示教节目等；请帖、电报、电话一齐飞来；在画展的开幕酒会上，美国画家要我批评时，我也振振有辞。有位学画的女孩子说："赵先生，你快要搬到公园大道去住了。"啊！当时我觉得我真是走运了，走起路来轻飘飘的，像跳芭蕾似的。有一次用公用电话叫一个朋友，恰恰他不在家，当机器还给我钱的时候，哗啦一声给我一大把银角子。啊！赵，看样子我真要走运了。到一九六二年，当时领导纽约抽象绘画最活跃的古根汉美术馆主任，决定邀约我以专室参加六三年终的五十二国的抽象画代表画家的国际展出。我想这次是我此生事业成败最重要的考验关头，私心一则以喜一则以惧。但谁知道这少有的严酷考验突然而来呢？这完全不是我抽象绘画本身的问题啊！一九六三年的纽约抽象市场已经大泻特泻了。许多画廊关了门，古根汉美术馆的计划也随着倒风吹散了。之后，大大小小的画家们有的改变职业，有的暂且停止创作仅作观望，早已成名不可一世者的情况最惨。鼎鼎大名的罗斯科(Rothko)就在这时候自杀了。在池园依旧人物已非的情形下，往昔的一切真的都随风飘去了。我的绮丽美梦，公园大道的豪华生活、上流社会的交游、访客、浑身轻、芭蕾……一大把银角子、美术馆专室画展等的好运全完了！一切的一切都干净利落地完了，什么也没剩下。

"赵啊！不要难过吧，也许抽象画派会回来的。"一位好心的朋友劝慰我。

"永远不会再回来，即使回来也不是今天的面貌。"我愤怒地回答。

愤怒仅仅是愤怒而已，还有谁能助你一臂之力呢？我绝对不去自杀，那些仍然死抱着表现抽象画不撒手的人，才真正是该自杀的人。我忽然灵机一动！自问一个问题：为什么毕加索、米罗、夏加尔他们不但没随着表现派的没落而自杀，反而更加活跃起来。结论很简单，他们永远跟着自我的灵性途径发展。尤其是夏加尔。

他们一生很少为时尚改变本身的创作途径，他们根本没有参加过表现派的抽象制作，即使在它的最高潮时期，依然故我不动声色，按着老路子慢慢地走。所以抽象画的兴起、高潮、低潮、退潮等等与他们无关，也犯不着为抽象画的没落自杀了。

“那么波普艺术带领着许多兄弟姐妹们来到了，你又怎么办?”有人如此问我。

“我不怎么办。我不能再像往昔一样，愚昧地跟随领导某一派别的洋人走。我不愿再忍受另一次的明日黄花之痛啊!”我斩钉截铁地回答他。

同时我完全停止作画，去钓鱼、旅行、访友、玩鸟、看花房……让我在休息的空闲里，唤回自我的灵魂。期待着，长跪的期待啊！自从我失去了它，在这几年的折磨下，我变得更加憔悴了！

几个月后，余史君从台北带来了一大筒墨汁。我抽了一张麻纸高挂在墙上，想试试这墨汁的成色如何。把一碗清水浇上些墨汁，我在五六英尺远的地方，将一碗水墨随意地泼在六英尺大麻纸上，从上向下流得一个好风流的样子；淡灰色的线旁，衬托着水化得更淡的花边。一时觉得非常醉人。恰恰当时才出品的磷光颜色及刚刚发明的调色水剂公司，要我试验这批新产品的品质。我就趁机在泼过的纸上胡乱涂些颜色，看看气氛很好。随后满墙都挂上纸，索性将墨汁倒出半罐，一大盆的清水，一百支以上的大小笔只都放在地上。去用那支长锋画只鸟吧！什么鸟呀？是个会看人、会讲话的活玩意就算了。千万不要把这张画添坏了啊！什么？坏？是没什么叫好，什么叫坏的。或多或少、偏差、倒斜，只要喜欢就把墨倒上去吧……我失去的灵魂终于归来了，带着我到那超越物累、人累的逍遥仙境。让我多多挥霍一些大好时光吧！

说到这里可真有趣，我对面邻居几个画友正大谈特谈，声音很大。啊！看！那个英国年轻的女画家布里奇特·赖利(Bridget Riley)刚刚出了一阵风头，没几个月就垮下来了！这勾起我当初那种失落而又寻找到自我的创痛经验。唉！的确，人是需要打击的。

阮义忠：听您这段自白真有意思。您在偶然的情况下泼墨作画，找到了"自己的灵魂"。这种"胸无成竹"的境界，是否是您日后追求的目标？

赵春翔：我既不是述而不作的人，又不敢自负有郑板桥的"难得糊涂"的玄妙情趣。我觉得我只是一个大大的凡夫俗子，我不敢也不愿、不能也不必要在我操笔胡涂之前，心胸里有一个"我在创作呀!"的矜持阴影在作祟。创作，既"创"且"作"，对于我实在是一顶太不合适的皇冠。假若我有这种心理，而自认为是"天将降大任于我也"的时候，那它会纠缠我的心智，绳索我的精神，使我变成既瘫痪又麻痹的人，还妄谈什么创作，还奢想个什么真人，真性，真我，真知的至人生活？

我不愿被物累、情累和欲念之累加之于我。唉！双重人格的我！

假的赵春翔，是尽可能不善不恶、不真不伪、不有不无、不爱不恨地使自己恬淡得像一掬清水，把自己静化在空无中。这时的我如同老子的“如婴儿乎”、庄子的“黜聪明”、黑格尔的“绝对精神”，在我的天、地、人、我浑沌一片韬智灵悟之前，一切事、物、情都不存在了。而唯一属于我以及护卫我的是那宝贵的人的灵性的存在性。它代表着宇宙一切崇高德望的化身，用各种不同的姿势、语言，热诚地向我伸手、对话。这时我的呼吸就是它的秩序，我的血液搏动就是它的运行轨道。啊！有时候我真想长久地闭起眼睛来，让我有更多时间去体验去感受这个“如婴儿乎”、“黜聪明”、“绝对精神”的另一世界的快乐！啊！这是真的赵春翔呀！我是在盲目摸索、试验、追求着，希望来日能有一个“真空”、“真无”的快乐享受。但我并不是想逃避什么，才去走自私的个人主义的颓败行径，才去弄这一套“游于艺”的玩意。

阮义忠：对这种“真空”、“真无”的向往，您是以何种作画方式来摸索的？是不是也影响到您的作画态度和创作精神？

赵春翔：我是不可能有意去斟酌着要如何画出一张好画来，也就是说不可能以“胸有成竹”的观念去作画。“胸”、“有”、“成”、“竹”，这四个家伙是坏人的帮凶，我是极力避免这四个不祥的恶棍接近我的。我熟知它们身世的劣根性、危险性，以及它们屡犯前科、罪孽深重的情形。为了它们我将我的画室安了三把警察钢

赵春翔画作《伴侣》，1972 年。

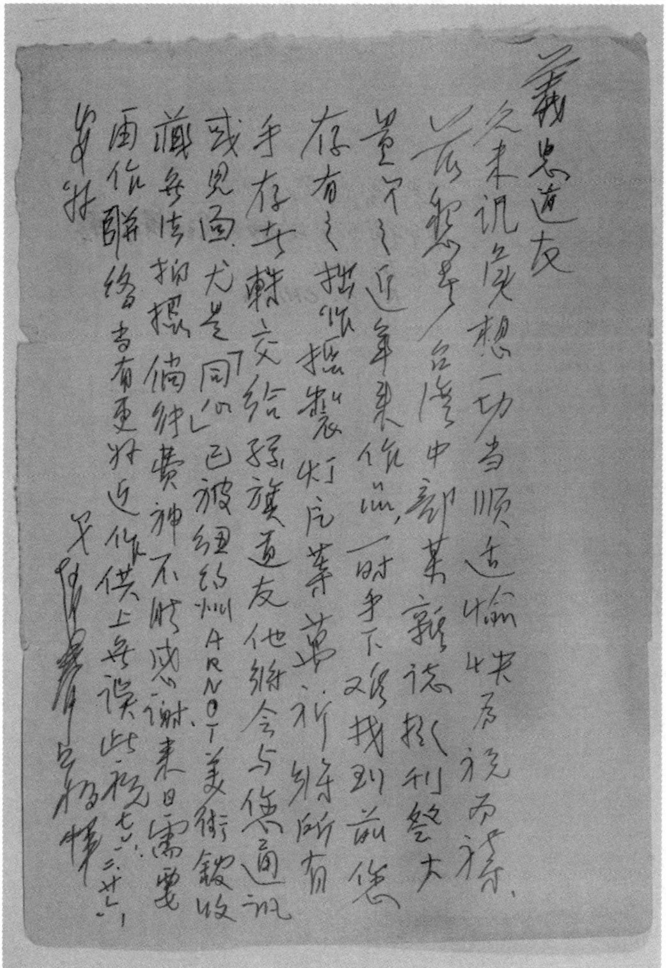

義忠道友

久未訊候，想一切當順適愉快為祝為禱。

近為弟台灣中部某雜誌擬刊登大量之近年來作品，一時手下難找到，前您存有之拙作攝製灯片等幫，祈將所有手存者轉交給孫旗道友，他將會與您通訊或見面。尤是「同心」已被紐約州ARNOT美術館收藏，無法拍攝，倘能費神不勝感謝，來日需要再作聯絡，當有更好近作供上無誤。此祝

年好

弟 趙春翔 上 七六.二.廿六

赵春翔 1976 年 2 月 26 日写给阮义忠的信，
请他转交之前提供的作品幻灯片给台湾某杂志。

锁。扣上门，心里才觉得安全。微微地舒了一口气，才动笔在那六英尺大纸上刷一片饱含湿润、韵味盎然的形体，抹涂一些干涩、轻淡不同的乱麻缕，用抓笔顺着空隙涂一些条纹。兰竹笔可以给我一些当时需要的硬线，及带有齐边的形体。退到远处看看，再把它倒过来看看，看哪一个方向可以画下去。也许一部分我喜欢，但那边的乱七八糟的线条真讨厌，就索性把它用墨团盖起来啦。盖起来还是真平凡，显不出气势，就干脆将这一部分撕去。然后再从画稿堆里找一片可用的部分贴补上去。如果我已勾出一个鸟的形骸，这样东西南北四个方向都无可取用，也没办法补救，就索性请它到垃圾箱里去了。不过有时我后悔过去将当时不喜欢的很多六英尺多的作品撕掉，它们至少有一部分是很不坏的。

我这些年来一直喜欢着泼、流、化、散的韵味，有时可以给我很生动的动向感，和深刻的三度感觉。有时我将这种韵味用在画面的最前方，当作逼人的震撼感；有时则作为最远方的背景烘托，以衬住前面的画面主题的逼人气势。而那淡雅的灰色之上加以玫瑰红的磷光色，有着相当强烈的互补作用，它们在一起经常是高兴地跳跃起来。但主体经常是一个大块的黑色——一英尺宽的勾线主体之上，为了加强它的重要及夺目地位，悍然而自信地由上至下加上七八个又粗又黑的横扫黑杠条，使得那原来过于淡雅的作品，立刻变得生动了。对于长短、粗细、干湿、轻重的笔触，方圆的形体以及色彩上的组合、取舍的经营，我是非常努力的，并且经常思索它们之间的奥妙关系。但我永不愿作记忆性质与依循自我传统的技法，再来个炒冷饭，依样画葫芦地画下去。我深信一个纯正艺术家以纯灵性的情魄、以任何怪诞的行径所表现出来的作品，对于艺术家本人来说不是判断上的对或不对的问题，而是技法上的够不够深刻的问题。

以上是我从一九六三迄今十年间摸索下来的具有呼吸及脉搏的黑色。最黑的部分需要多次叠墨，一遍干后再加一遍。但过多次数将使纸上有亮胶情形出现，就失去良好的要求了。为着要得到大泼、大流、大化散的极致效果，使墨和水有机会充分地在纸之里、表发生绝大的功用，我在垫纸的桌上墙上都衬了一层塑胶布，这样帮了不少忙。

每当那种灵性迫使我进行胡涂的时候，我总是让一种无规律——姑且称为天籁性的演化现象在画面上任意运行。我的眼随时注意着这些现象所运行的效果，这时我不能让任何外来的事物与声响打扰我。我像是上了手术台的主治开刀医生一样，有着全部的责任感和完全的敏捷性。在急智下对当时那一秒钟的过程以全面的直觉去感应，并立刻给予处理。当这一秒钟之后，整个过程又是另一种不可知的面貌，我的感应也因之不同；事情就发生在这里，这种感应也许是妙不可言，也许是恶劣的，但我都不去理会它。因为在自我演进的过程中，我全然不知最后的结果是如何。

我时常运用对比的作用来处理一幅画完成之前的善后工作，这样有一种更真实的感觉，更具体的效果。比如在一大块湿意绵绵的地方，给予乱麻式的浓淡轻扫的干笔；在应该加强的主体给予尖锋钉点，或在轮廓的周围刷以淡墨并设色为助，使其达成领导作用。这种善后工作，我有个特别满意的经验，那便是我在一幅五英尺高的画上的经验。我深深感到只有在摸索中，才能发挥出无穷尽的力量，才能把握着自我肯定的智慧之路。这种摸索使我在个人的修养上、精神上、观念上、艺术见解上的各种悟证都与往昔不同，而这些不同与我的灰发是同时增长的。

阮义忠：你近来的画偏爱以“鸟”为主题，而且一直用着它。这有没有什么特别的缘故？

赵春翔：我画鸟，并没有把鸟故意当成一种因某种意识上的强迫而从事的。几乎是很不经意的，有时候是太不经意之下顺笔乱画的。有时候，追念着我的好朋友似的，我想到早被人偷去的鸟的灵性表情，画它就是同它讲话一般。我小的时候很熟悉鸟类的生活情形，在纽约画室里，也曾看过两次小鸟孵生，它们的家庭生活、爱恋、产卵孵幼、养子教子、男主外、女主内、分工合作，好像依旧存在着父性社会一样。又似一个家庭，广义的一个社会，有着最融洽的生活，它们之间的情感毫无现代人的社会中不能沟通的问题产生。我也常在感悟之余，在画面上流露这股对亲情的憧憬。这都是在不经意的情形下自然而然表现出来的。

阮义忠：您常使用太极、八卦的符号，这是什么动机？另外您也喜欢在那种充满中国笔意的“鸟”之旁，画上完全硬边的色块。这种手法给人一种很强烈的震撼感。此种手法的背后有何特别的意念在？

赵春翔：八卦太极出于“易”，“易”始于三皇而大成于孔子。数千年间虽演化纷繁，而“易”道仍是一贯，其以一阴一阳“相对”之重心哲理则一。有法天道者，悟亿万星球及日月相互引吸“均衡”而变“易”不坠；风云雷雨闪光昼夜变“易”为自然之必然。法地道者，悟春、夏、秋、冬、生死荣枯、海啸水流等真谛。法人道者，以“均衡”、“相对”之宏旨施之于人，使众生之精神及物质均愉快永生，并至于政治大道以至于天下。昔孔子评“易”，子曰：“乾坤，其易之门也，乾，阳物也，坤，阴物也；阴阳合德而刚柔有体，以通神明之德。”这种相持，相感，相生，刚柔有体，使天地人化生，流转而不息。此种人类文化之种子，人类生活之大本源，实为目前解救人类面临超级工业社会，所导致的精神偏差痛苦生活之唯一大道；且为人类未来亿万年快乐生存之宝贵张本。

而推理易算之玄学，为计算之便利先圣制图甚多、格调趣味迥异，我最喜欢的是太极图。它是中国先古整边图形设计中，最富有代表性的一种。尤其是八卦相互间的星微之差，在协调中有变化的感觉，实在是耐人寻味。另一方面，这种整齐的钢铁块状的造型，也带着无比的威迫力。尤其是在经营画面的过程中，想有一个前后距离的深度，而使主体变得更为神秘时，我时常用它们来助成画面的凸出的诱惑力与渗透力。同时我的画用墨的时候较多，和它们很容易取得合作而帮了我的大忙。自然，众所共知，在近几十年来外国的画家、雕刻家、建筑家、美术设计家都在应用硬边的方式和形体。我没有抄袭他们的意思，只是想拿我们两千八百年前的硬边古董向他们示威。把古代阴阳结构一丝不差地放在画面上，以求动人的真实性。同时也是针对着他们的(当时也是我们需要的)不阴阳(有千百种象征性的解释)、不均衡的今日生活上的偏差，要这一些失去灵魂、疯狂的神经质的可怜人们，向我们学习。希望他们能从我们的意念上得到解脱。

阮义忠：另外画框对您的画也有很大的影响力，你特意将画安排在正方形的白框中，而它们安排的位置又是那么特别，这种观念是因何而生?

赵春翔：对于绘画的一切，我不但有如何去消化西洋艺术风貌规格等的愿望，同时我也时时刻刻想念着如何消化我国艺术的风貌规格精神。在这里，我不知同洋人讲过多少次这样的话："我不是因为我是中国人，才喜欢吃中国饭。"同样地对装框这回事，我也是把所有外国人对于装框的各种办法及对于画幅的感觉作用、关系，作一个彻底的统计与了解，然后才判断出中国的装裱办法(是高级的古法裱装规格)是对主体本身有着无限的衬托力，充分达到装裱的目的。当然，缺点是悬挂之后，无论大小幅都不能非常平展。尤其是纽约暖气过高，变形更大。为了克服这个缺点，我决定将画裱在画布上，在四周围上一条很窄的黑色边框，这仍是取意于装裱中国画经常用的外边黑绿一样的作用。然后我又研究如何使宣纸能有防水、防潮、防尘垢的性能，而且还可以用海绵蘸水洗涤的种种办法，来解决一般收藏者最关切而头痛的事情。但我在未成功之前，抱定绝对不能为讨好收藏者的顾虑，而加以保护剂来损伤原画的韵味。经过几十次的改正，现在是非常圆满了。这实在是与我爱吃纽约改良式的中国饭一样，对于带有鲜血的牛排，到今天还是吃不下。

阮义忠：请问您对于中国画的未来前途采取何种看法？

赵春翔：人类任何艺术的横的存在性，都脱离不了当时的社会观，绘画也是一样。中国绘画与印度、埃及、非洲、欧美各国的绘画同样都是当时人类在某种区域性的环境下表现美感的结果。环境、生活习惯、语言、宗教的不同，形成了各个区域人种的绘画历史、经验上的习尚、造诣取舍方向之不同，并渐渐造成各区域的人种绘画纵的历史面貌、方法上的迥异，这是在必然的情形下所演变的现象。大家都有他们不同的成绩与建树，对于人类文化宝塔的建造，或多或少都添了一把土。这每一把土都能充分地代表各个添土人的最基层的科学、人文、社会总进化的时代性，就如同无法逃避的“卖鱼人总有点腥味”一样。一个国际性的联展，可以在一幅画的颜色感觉上判断出它是哪一国人的作品。这一个各具特色的妙不可言的腥味，在同一区域种族的艺术表现上都写着共同的气质。

我们是黄种人。你、我世世代代都生长在东方，自然我们的绘画也带有区域性的气质。我们在造纸、养蚕织丝方面历史很早，而历代均以水墨绘画于绢纸之上为主。虽然汉魏时代我们已经以磨石、玉土为色入油作画，惜油画未见发达。先贤们以最高的灵慧完成了盛唐大宋时期的辉煌绘画成果之后，一衰迄今。其中虽不乏大家，但始终无绝对革命性的创作产生，别开生面，重写历史。所幸当时闭关时期的农业社会生活情形单纯，艺运一衰再衰好坏由之，关起门来吃稀饭也无不可。但时至今日，正赶上大衰之年哀伤难忍的时候，而邻国的艺术已发展到拿乳房、唇印、苹果似的肚脐、屁股等，用一个细得不能再细的高竿挂起来，还带着声光电化的玩意，外加歌唱声音、舞转姿态，在我们的头顶上招摇。有些人看在眼里动在心上，一窝蜂地抛弃了他亲爱的老师四十年前沿用迄今的印发的白云飞仙画稿，去画女体吧！去搞声光电化吧！我曾经想过，我们应该用近代的——至少富有一些现代性——八大山人、石涛、吴昌硕、齐白石等的大画裱好张贴起来，来抵挡这一股骚风。大门被骚风吹破了，现在是敞开的，关也关不起来；领空是大家的，怎么办？

我们一天到晚念诵着书画同源的句子，而时至今日，书法在我们现代社会的自然存在性已是非常薄弱了。我大胆预测——再过十五年，书法将沦为非常专门性、职业性的手艺，只有少数人才可以写几个大字了。至二〇〇〇年，能写字的人将稀有得像今天能刻古体印章者一样。我不相信颜、柳、欧、赵、米芾、苏轼等大书法家，任何一位高贵的艺术精灵在现世纪中国——或几个世纪后能够还魂再世。这也不必怨天尤人啦！对于时代的冲击，谁也没有擎天不坠之力。

那么中国画的将来出路怎么办？

我不赞成向西方投降！

即使我们甘愿作别人的俘虏，甘愿全盘投降，甘愿跟着洋人后边吃尘土，让西洋画代替中国画，可是我们大家都处在半工业（也许是手工业）社会的东方生活背景中，我们没有别人超级工业社会的现代社会观；我们没有一按电钮请一部机器给我们算算命，或告诉我应该找什么样的人做爱的生活观念；我们更没有一按电钮到月亮上捡几块碎石头回来玩玩的意欲；同时我们实在没有消耗四万万美元的能力与知识，造一辆行驶月亮的小电车逛逛风景的雅兴。我曾经到一个洋人的家里做客，为了减少主人与用人的麻烦，我自己到厨房想找一杯水喝。厨房的门是自动的，这是很多年前的事情，不过我并没去注意。但厨房内部的四周尽是整整齐齐的四壁，我没办法打开。最后还是用人来了，电钮一按，一杯带碎冰的水在我背后的小桌上出现。我并不是故意媚外，说外国月亮圆，实在是因为他们冬天喝冷水，而我们却是喝清茶的民族啊！那么，主张跟踪他们的中国艺术从业者，是不是能倾国而出都到洋人的世界里找寻灵感，来创造我们中华民族的艺术历史呢？这自然是不可能的事。如果退而求其次，大家在自己的国土上跟着洋人走，我们缺少他们的超级工业社会的现代社会观，怎能创作出与他们同样重要的“今日的中国西洋画”呢？如果单单凭借着看别人的画报、杂志的插图与文字的介绍，捡取一点洋人三十五年前的皮毛，作为个人生命及时间上的消耗对象，终日叫喊着中国的毕加索来自我陶醉，那就又另当别论了。而这对于庄严的中国绘画救亡起衰的历史工作难有补益。

美国的纽约是代表今日西方艺术的中心地。从九年前，波普艺术兴起，约两万职业艺术家——包括综合艺术在内——以竞争性的狂热应用各种离奇行径，大量制作，倾巢而出。我曾经参加一个泥塑展览的开幕晚会，一进门一股浓臭扑鼻。我当时很是疑惑，以为是旁人在这里泄了气，但我错了，真正臭味的来源，是地上一摊大便的自然形态的泥塑发出来的。而这正是所谓的雕塑作品。另外我曾参加一个展览的揭幕，画廊里有一个牛槽，槽里有一只正在生蛋的鸡。地上铺了些干草，在墙头有一个高大的油画架似的雕刻，下边装有两把快刀。当时萧邦的小提琴曲正低低地播放着，我拿起一杯酒，倒觉得很有点田园诗意。人满座后，忽然艺术家起来宣告他要表演了，大家看他捉住那只鸡，走到我刚才看到的油画架似的雕刻前，将上面的横刀拉至顶端，将鸡按在下边的刀刃上。然后哗的一声，上面的刀落下，把一只活生生的鸡腰斩两断，鲜血飞溅，男女观众狂叫而去。另外我还看过一篇艺术报道，她是电影院的观众之一。她如此报道——“展览”开幕后，字幕告诉大家，这是一次“实验性的过程的新艺术”，希望大家跟随着动作合作。银幕上开始脱衣，大家随着在黑暗里脱衣，抚摸……以至性行为、穿衣……千百不同的艺术方式诱导之下，大多是要人有意外的惊奇，乱发性的刺激。为了目的不择手段，充分利用今日社会的精神弱点。从而扩大，使人人神经麻痹，以致慢性自杀或直接间接互相残杀——每一周末三天假期，这个国家都要死去七百五十人左右。我们是投胎在东方，母亲的床帏上都刺有忠孝节义的字样。我们没有办法同他们比赛，参加这些刺激的新艺术。尤其是在东方，艺术工作者很难有这等灵感。那么我认为目前唯一的道路是：

自觉！自力更生！

从大衰之年的苦难里大家共同携手努力、同舟共济，以大无畏的热情和意志，在明智的集体判断下刻苦奋斗，把一条半身瘫痪的人命解救出来。上无愧先贤创业之难，外可以超越洋人！不然在不久的将来，“书画同源”的绘画也跟着书法一样在我们这一代人的意识上，渐渐式微以至灭亡。你知不知道，一张二十英寸乘三十英寸裱好的、带厚纸衬着的、看起来很好的中国画，在纽约的唐人街画廊里定价两元五毛五分吗？这样下去怎么得了，我们能不深加警惕吗！

阮义忠：那么您认为中国艺术里最可贵的是什么？有没有一种值得我们彻底反省的东西，使我们能避免活在传统的桎梏里，使我们不被不属于我们民族性的元素所蒙蔽？换句话说：我们传统的艺术中有没有使我们去开拓未来的因子？

赵春翔：关于这个问题，还是让我们先从各方面的因素来看。中国绘画的未来前途的开拓是不能、不可能、不必要以西方料理来医治我们的大衰之衰。我们可以看到、知道很多其他国家种族或个人的艺术，也有他们的周期性的衰微之年。不过周期大多在十年、三十五年之简短时期罢了。我不愿在这里大抄西洋美术史，仅举几件最简单的艺坛近事在此作比证，以求举一隅——刚刚退潮不久的抽象绘画末期，在一九六三年左右，世界上几个艺术集团领导者，所推出的具有代表性的各国之大画家作品，差不多都是愤怒的雷同弟兄——大泼、小泼、泼泼泼的面貌。其实画家本身的灵感早已失去了，仅仅凭借着下意识及有所为的设计，从事他所认为应该如何如何的复制苦工而已。其他不重要的末流艺人紧紧地、盲目地跟随在后面——大抄、小抄、抄抄抄。在当时这些大小画家的灵感麻醉、作品失去了麻醉别人的效能时，自然灾年乘隙到来。诸多因素潜伏已久。试验性的青年艺术家创作比赛的结果，终于被波普艺术占了先锋，轻而易举地推走了前浪。但好景不长，现在也已式微了！那是后话暂不多举。荷兰画家蒙德里安(Piet Mondrian)在近世纪美国新兴艺术运动起落的浪潮中，有着不可泯灭的直接间接影响力。他开拓了“零式画派”，还造成了在两年前刚刚去世的世界唯一突出的美国“绝对零式绘画”巴尼特·纽曼(Barnett Newman)之伟大作品之完成。目前他的空无飞幻的意境，又被年青画家阿尔·赫尔德(Al Held)捡起来，加上些微波普艺术的幅面刺激之配合，他现在纽约城市大摇大摆地一跃而成为知名人物了。但我们不能忘记的是蒙德里安一生差不多都是十年一小变的——从一九一二至一九三七年曾四次变法，受了多少锤炼抉择的考验后，才获得了他那宝贵的不世成果。总之，他们的一变再变，个人的或非个人的，革命性的或非革命性的，都是在他们的文化背景里，寻找出他们自我的母子性的环节。

我们的绘画一衰再衰，而至今日大衰之年，固然也是与洋人的艺运(物极必反)的自然极致现象一样。但我们是千年的大梦不醒，迄今仍是睡态朦胧，好像还有几十世纪的安枕之乐似的。我们必须，迫切地必须，早日寻找出那可供开拓未来大道的存在因子，寻找我国民族艺术存留断续的生死命脉。

近几年来曾读过不少远东学者讨论中国绘画之前瞻的文字，固然见仁见智各有不同。但能掬诚各抒己见、热烈研讨，也是一件好事。我认为墨韵的发展不但是我们传统艺术遗留下来的最宝贵的成果，而且也是明日走向成功不可缺少的首要条件。先贤发现了墨韵而五色备；夫画者水墨最上，王洽泼墨成画。在用墨的技巧上告诉我们什么是斡、皴、渲、刷、捽、擢、点、画、染、渍、分，以及近代诸多大家对于墨韵的大胆运用，赋予作品以更多的强有力的生命与呼吸，实在是得到了超越的虚旷的心源大道。这仅以一种墨色的变化而创作出来的作品，带有一种不可言喻的高贵气质，庄严而活泼；黝黑性的泼辣有着无比的气势，坚强、胆识、勇悍；包藏性的迫胁；爽直性的大正不阿；尤其是在我们中国惯用的雪白宣纸上，在欣赏过程中更给予人的主观精神以无限的经济直觉，从而更增加了作品的感人的力量。我们祖先，自然没有接受过西方色彩哲学的知识，但他们在千万次无言的感应统计中，却真正领悟了“出门人怕走黑路”、“黑包公”的黑的精粹和奥秘。

让我们再看看全世界各国有几个是用墨作画的，而且是相同的画性？你一定会说日本。的确，我承认他们今天西画的成就，远超过我们多多了。但水墨画画，他们是永远不会赶上我们古人的浑然大器的。另外，我们的宣纸是一种非常良好的水墨绘画材料，是其他国家白描纸张的效果难以相比的。当然，他们也寻得了他们非中国宣纸的其他效果成就。可是他们仅仅将它视为小品，而不作代表性的应用。那么，我们是世界上唯一拥有良好墨韵的传统与水墨画的良好材料的国家了。假如我们能充分利用这优良传统，再加以个人的现代观念，个人的睿智卓才，埋笔成冢之后，一定能得到预期的成效。我不相信先贤的披麻、鬼皮等十六种皴法，及胡椒、平头、小混等三十二种点法，已将大自然的一切现象法则都发掘净尽了。须知艺术一道，为艺术家的千秋事业，实在不可过早言成败。浅尝辄止、妄自尊大、自我陶醉、天下无人、合三界自为霸主，这些半瓶醋的人早该丢下画笔。不能了解树木树人的至理，绝不能治学以悟明心地、彻见性源，自然更得不到入手其内、出乎其外的荡荡然纵横大业的成功表现，又谈何开拓中国文化大业。

我们再从最切身的问题来看：我们青年艺术工作者，有着钢铁意志、大无畏的刻苦向上的研究精神，为国家民族艺术前途拓荒，为个人生命中最偏爱的事业贡献出个人最高的智慧与勇谋；这些虽然都是成功的重要条件，但并不是我们的民族艺术未来开拓成功的酵母。真正的挥发性的酵母是社会经济情况。社会经济繁荣，艺术家才有物质生活与器用上的保障，从而在时间、精神、生活上的绝对自由之下，广泛发展并有众多的人群参与，唯如此，才可以蔚然成风。大块文章就不难出现，新风格也因之兴起。

只要把人类艺术的发展概要翻一翻，我们就可以有一个粗浅的认识：西方的艺术是由希腊、罗马、威尼斯、法国而发展到美国来的。从这种重心的迁移，我们不难得知艺术之发展路线乃是随着社会的经济繁荣进行的。我国的情形也是一样：唐宋时期文物鼎盛的因素与当时的社会背景有关，清初的建树，以至南方扬州八怪与当时盐业兴隆的关系等可作为例证。这也就是说，如果没有繁荣的社会经济，即使有钢铁意志、大无畏、牺牲、忍耐、刻苦、努力、拓荒、智慧、勇谋这些可爱的生命中的珍珠，也都会跟随着一阵阵的饥寒滚落下去。因为人类生命本体的忍耐性是有限的。

三

本来这篇笔谈的第三部分一共有六则问题的对答，现在却只剩下三则。因为正逢赵先生被流行性的重感冒感染，卧病在床，不克执笔。现赵先生虽在康复中，但截稿日期已届，不得不先行将文稿交排付梓。至于那三则问题，赵先生已答允日后另撰专文，交由《幼狮文艺》发表，以补这次的缺憾。

本篇要讨论的是时下台湾画坛最切身的问题。其一是日本的一本美术杂志《美术手帖》中，有一篇对台湾画家作品的批评文章，言论虽然刻薄了一点，但仍然值得我们借镜；第二个问题，是针对艺术系学生有志去海外深造时应有的认识与准备，这对台湾热爱艺术的年轻人，实不无帮助。

笔者求教于赵先生的都是最平常的问题。但是赵先生却把话题引入堂奥，并且不惮其烦地详确提示。笔者这边原是拙劣的发问，但经过赵先生精彩的“答客问”，就变成了有内容的谈话录。因此，这篇访问记如果能成为艺术界的文献，功劳应全属于赵先生。最后，笔者甚盼赵先生能早日将剩下的问题撰述专文，无疑地，这将是台湾艺术界和我热切期待的事。

阮义忠：现在，让我们把讨论的问题转到目前的台湾画坛，台湾老一辈的画家，这些年来有什么贡献；他们在中国艺术史上有何地位；他们开拓了些什么？

赵春翔：当我在二十年前刚到台湾的时候，看过几次不错的画展，如台阳美展等。稍后，也认识了好几位台湾画家。当时，我觉得他们之中有几位在艺术的技巧与认识上，都不愧为启发后进的良好导师。他们都是在日侵时期完成了他们的艺术教育，就当时艺术界的造诣与成果来说，我觉得他们与日本本土的画家们相较，毫不逊色。离台后，仅仅看到过他们的图片和全国美展专集所刊载的作品，以及老一辈在纽约的画展。这些，虽然并非全豹，恐怕也是精华所在吧。

从大陆撤退来台的画家们，二十年来的努力，总算把中华固有的文化种子，播种在这个适宜于万物成长的地方，现在，已是满园青翠了；至于来日的花香如何，是否能结出丰硕的果实，目前还很难论断。在此，我认为在台湾的老一辈画家，有责任替若干年后壮大的新中国、新艺术——以新中国民族意识绘画为主、以西方文化与物质功用为辅的结合——铺下常识性的基石。

手头有一本日本艺术杂志，其中有批评台湾画家作品的文章。译稿附上刊登，以备大家参考。看别人怎样批评我们，再自我检讨一下：他山之石，是否可以攻“错”？

译稿如下：

《美术手帖》月刊一九七二年八—九月号，第二十三页。

一间莫名其妙的美术馆建立起来了，接着有一个标榜什么交流亲善的美术团体赶来了。对于这些，你还得给它钱呢！

在上野(东京)都文化会馆旁边，今年四月间，连一件收藏品都没有而挂名“上野之森美术馆”(鹿内信隆为馆长，岸信介是理事长)的房子开幕了。向外界借进一些古董，以“桃山、江户、明治三百年的美术”之美名装饰门面，然后，就公开展览了。如所示的三百年历史，却只有这么些微的展品可供观赏，那的确是令人心寒的。

嗣后由该美术计划下的展览一次也没有办过，完全以一天五万日币的租金来维持。如照片所示的，馆的正中入门处有耀目的“The Ueno Royal Museum”的金色字样。入口的两旁则有“本乡”新近的雕刻。也不知道哪一个为它锦上添花取了个“王立美术馆”的日本名字，来称呼这间每日五万日币出租的“美术馆”。

然而，那王立美术馆，不久前有一个叫“日本及中国台湾地区美术交友会主办”的展览，到今年已经是第八届了。是文化厅、外务省和“台湾驻日机构”在背后支持的，自然是非常令人注意的事。说明书上以相当标致的字体表明：“台湾现代美术”。而展出的作品都是高中生程度以下的油画习作（引用美术记者的话），在日本人眼中，这不过是外行人的画罢了。

对于这样不三不四的画展，我们的文化厅竟以后援（赞助者）的名义，奉上了可观的补助金（去年度二百三十万元）；而展览会居然还要入场券三百元，听说一星期里共有四千观众（据主办单位报告），那么，实得应是一百二十万元了，扣除租金三五万元以及各种开支，大家该看得出，这真是赚钱的好生意。

可笑的是这种令人喷饭的画展，居然还有文化厅去锦上添花。

《幼狮文艺》编者按：该日本刊物之批评，似嫌武断，口吻上也极不友善。如非该刊别有用心，就是那次画展真的有缺点。希望台湾美术界人士澄清。

阮义忠：在台湾画家中，最令您钦佩的是谁？为什么？

赵春翔：我很钦佩溥儒先生。溥先生学养、人品及诗、书、画各方面，都有特殊而高深的成就。尤其是在国画方面的典型面貌，可能是中国传统绘画的一个里程碑，史学家会竖起“溥心畬在此，后无来者”的标志的。但他为人恬淡之至，不计名利。可惜的是，他晚年代表性的巨作，大多散佚，使美术史家无从考据，实在是艺坛的一大憾事。

阮义忠：以您亲身体认的可贵经验，当能给台湾从事美术工作者一个很好的参考。请问，目前台湾的青年拟赴欧美深造之前，应有哪些准备工作？

赵春翔：我只能将有关绘画方面的准备工作，概略地谈一谈；不过，这只是我个人在客观环境的长久磨炼下，所得到的一点认识，并不一定对任何人都适合。

（一）在精神上、心理上的准备：我不愿意任何人对同种族或不同种族的人有自卑感。人与人都应真诚相见，以四海之内皆兄弟的宽宏胸襟，互相尊敬，这样，人间才能有敦睦的生活乐趣。倘若有自卑心作祟，因而失去了个人的性格，那你当然会失去环绕着你的人群，从而也就失去了你事业发展的机遇。结果是你的一切努力都白白地牺牲了，岂不冤枉？相对地，你更不能有一个自大的心理。如果你傲然于自己五千年历史文化的背景，你的作品只有你才能弄得出来，世界上只有你这一种画及画法，以征服他人的气概来凌驾这些化外之民，对他们的文化、他们的古今艺术成就都嗤之以鼻，那么，你会得到些什么呢？势必得到自囿的孤独和痛苦。前途如何，可想而知。人总不能离开群众到火星去发展他的艺术(月球已经有人在发展了，并有一座雕刻)。说到这里，倒使我想起了在纽约经历的几件小事：

当我的画室在第七大道的时候，一次电话铃响了。是一个在香港参加过黑社会，并曾制销过大力丸的中国人的声音，说要陪一位朋友拜访。我立刻拒绝了。他说他们就在我家门口，无论如何要来拜访。“好，大家都是中国人，请来吧。”他们终于进来了。经介绍后，知道他的朋友是汤先生，俨然有大将威风，横眼把我四周墙上所挂的画扫了一下。之后，他从口袋里拿出一封信来给我看。他气冲冲地说：“我明天去这个妇女协会演讲，我要大骂他们全美国的画家都是疯子!”弄得我丈二金刚摸不着头。我看了他的请柬，定定神想了一下：“汤先生，这是茶会的通知。你看这信上，仅仅写明了假如在茶会上，你能说几句有关中国艺术方面的话，那是很好的一件事。向其他不同行道的人，听听另一行职业的人讲些有关他自己的事，是有趣的。并不是请你演讲啊!”他用眼扫了一下我的天花板，大家沉默了好久。我把那封便函递回给他：“对不起啊！汤先生。我的英文不好，也许是我弄错了。不过，你最好再看一遍吧。”他并没有再看那封信，折了两下，装回口袋里。我知道他的英文还没有到理解这复杂的公文句子的程度，稍后他点了一支烟，狠狠地抽上几口。烟雾缭绕在我们中间不散，不散，一直不散。我真希望他们立刻离开，但汤先生并没有起身的意思。在这烟雾不散的沉默场合中，我有一个短短时间的反省：

我是不是做错了事？没有。信上写得明明白白，为了不使我的同胞在海外出丑，我告诉他是应该的。正当我的思索还在进行时，忽然汤先生开了口：

“那么，我明天要不要骂他们全美国的画家都是疯子？”“汤先生，假如一个外国人在我们的茶会上，骂我们所有的中国画家都是疯子的话，在座的听众一定会反问他：是哪些人，请一一列举出来，你如何答复？况且，该会是要你多说一点中国艺术界的事啊！”他虽然还不消气，但已经比刚到达时好多了。他说：“别人说他们的画家都是不务正业的醉鬼，最近还有一位醉酒后，撞车死了。”我知道他所说的是谁。但我还是不同意他的看法和骂别人的态度。最后，我轻松地拍拍他的肩膀说：“在茶会里泡泡妞儿不是很享受的吗？何必……”送他们出大门之后，我后悔让这两位不速之客撞进来。

另一次是几年前的事，一位自台湾来纽约的大画家要来看我。在电话里他说想在纽约开一次画展。我知道这里几百个画廊，大都有他们的不同路线。我顺口讲了一句：“请您带三张画来，看看我们能到什么画廊去申请，好吗？”不久，从不相识的客人来了。进来后，他连像汤先生那样横扫我四周的墙壁都没有，就直冲着我摇头叹气。“请坐吧！”我似乎只有拿这句话才能冲淡这个陌生人所造成的僵冷气氛。他不但不坐下，反而向我靠近一步，扬起手来：“赵春翔，你决不会知道我是如何倒霉，偏偏要来美国。”当时真使我又怔又窘，我应该说些什么话呢？到底发生了什么大事？正在苦思不解的时候，他接着说："我对于纽约艺术界失望，失望之至！"这时我才弄清了正题，"这些乱七八糟的画应该一把火都烧光。"（当时现代美术馆曾有火灾。）"还是请坐吧。"请他坐下后，我内心比较舒坦一点。我慢慢地问他："来此地好久了？""刚到一个礼拜。""纽约所有的美术馆和画廊你都参观过了吗？""看了一点。""那么，我很想知道一些先生失望的地方是什么？""……"他讲不出话来，很久才说："总之，都不好。"我知道他刚到这个新环境不习惯的心理状况，必是同我当年一样。但他却加上了自大，那当然更糟了。我婉转地告诉他："我刚到西班牙的时候也是一样，您是飞来的，从台北到纽约只需四十八个小时，然而，台北的艺术思想与纽约艺术思想上的沟通，绝不止四十八小时或一个礼拜的时间就能达到目的。慢慢地，多看看再说吧！"他自然听不下去。后来我们谈到画展的事，他显得非常有兴趣，眉飞色舞地把他卷着的油画打开来让我看。良久，我没有说话，我这个人就这点不好，不会昧着良心说谎话、讨好或谄媚别人。当我觉得一个人的作品不好的时候，我永远不会说一个好字。但真正好的即使是陌生人的画，我也会很真切地说好。他耐不住我的沉默，开口问我："你看我可以到哪个大画廊展览？"我随口应道："您找不到任何画廊为您展览的，除非您自己愿意花四百元在一间小房子展览两星期。这种名利两无又要花钱的事，何必呢？"

“何必？自然是非常重要。不然我在纽约画展的记录便没有了。”我忍不住笑了笑：“唉！算了吧。在纽约开一次画展，这算是个什么记录？”他从沙发上突然站起来，又张起一双大手，像咆哮似的叫起来：“赵春翔！你这个人真不懂事，这是噱头啊！”这一次他真像是在舞台上演戏一样的逼真。我又笑了一下：“噱头？”“是呀！”他认为我已经懂得他的意思了，并且一定会赞成似的，因而流露着一些柔情。我忽然想起一个从台北来的会画几笔中国画的女士，曾在华盛顿我朋友开的镜框店里把她的大作挂了一下。这可不得了啦！台北的报纸，把她自己写好的五千言特写，居然以显著版面登出来。我恰恰在华盛顿友人那里做客，读到台北的大评论家们冠在她头上的经典评语——如聪颖过人、幼承庭训、与某大师游啦；青出于蓝啦；破万卷、行万里，深得天地自然之化育，能上追宋元，为当代不可多得之奇才啦；作品订购一空啦，等等。我忍不住问朋友一声：“到底画得如何？”“完全是骗人的。什么订购一空，她连一张也没卖出。到现在还欠着我的镜框钱，分文不给。”这种欺骗同胞的行为我最愤慨，想到这里，我也有点不耐烦地继续我的话：“这种噱头，完全是不诚实的行为。把同胞蒙在鼓里，而让自己浸在虚假的陶醉中，请问这是什么意思？如果把画展的真实情况报道出来，我绝对赞同。但，我反对噱头，百分之百地反对！”

“那么，我到底应该怎么办？我有一个很好的朋友，他来过纽约，私下里告诉我，他那个纽约画展的记录，是在某学校的地下室弄来的。你可不可以帮忙?”

我原知道有几个图书馆地下室、百货公司、框店可以挂挂画的。但我不愿帮忙，生怕他的噱头搞得太多太大，更增加人们对于艺术家们在海外办展的错觉。他捡起他的油画，愤怒地开门走了，很不礼貌。嘴里咕噜着抱怨：“就因为像您这样古板，所以台湾没有任何人知道您，连一点小名气也没有。”回头我整理茶杯的时候，发现他把已送给我的他那本印刷得很精致的画集也顺手带走了。还有很多这类的事，不便一一列举。总之，像这样的人来美国旅行一趟或常住纽约，他能获得些什么呢?光是心理上、观念上的偏差失误，就会害了他的一生。莎士比亚说得好：愚者大多都认为自己是聪明的，但真正聪明的人，都知道自己是愚者。

（二）种族问题上的认识：美国是一个世界人种混合的国家，全世界各个有色民族都有大量的移民到这里来。过去，白种人的英国是他的母国，所以美国大多数的人是白种人。南部的黑种人口，虽然在美国占很高比率，但因为文化水准过低，就业机会相差甚多。所有美国执政者及高级职务全为白人所把持，顶多不过是分给黑人领袖一个邮政副座或孤儿院院长这样一点甜头而已。这是白人一致对待黑人的情形，而白人与白人之间，也有他们的歧视存在。白人对于犹太白人是永远歧视的。大家都知道犹太人在美国经济势力很大，很多大企业都操纵在他们手里。但白人也只允许给他们一个赚钱的机会，除钱之外，犹太人内心的痛苦是非常沉重的。我曾经问过一个很爽直的犹太作家："美国自从开国以来，有没有犹太籍的总统?""没有。""在二百多年内，美国州长有几个人是犹太籍?""只有一两位。"由此可见一斑了。其次是白人对黄种人的情形，黄种人同样受到他们无言的歧视，这是包括所有亚洲人在内的。不过，他们在礼貌上倒都会做个表面的样子，给你看看。其实，这不能全怪他们，有许多地方也该恨自己不争气，如在公共场合大声讲话、满身臭味、口衔牙签当面大嚼、不懂公共礼貌，这在国人虽属小节，习以为常，但在洋人看来，则觉得有伤大雅，使人厌恶。至于黑人，我们竟也受他们的气。那些黑人会想到，我们是寄居在他们的国度内，因此他们在心里油然升起优越感。我们呢？内心里也同样歧视他们是不长进、无恶不作的美国赘瘤。而犹太人和黄种人倒是相处甚善。我们先对这种种族之间的复杂关系有个概念后，从而远瞻我们中国青年艺术家在美国的事业前程，似乎可以有个清楚的预测。

除去上一代(六十至九十岁)已在欧洲成名的大画家们，还能在美国出头卖画的，翻开近十五年来的美国成名画家们的史册，精密地统计一下，有几个人是非美籍的有色人种？绝无。有几个大画家是美籍的黑种人？绝无。有几个大画家是欧洲的白种人？很难找到。再以亚洲方面来说，单是日本人在纽约的就有六百个艺术家之多；他们在这十五年来的辛苦努力，有没有一个二流画家来撑撑面子？很难找到。其他国家更不必说了。像这种情形，难道是所有非美国的画家，从没有一个人可以匹配得上他们的天才么？道理很简单——画廊根本不要培植一个非美籍的画家，以适合高级美国白人的收藏兴趣。这意义等于美国著名的黑人女歌唱家安德逊，她一生不能在纽约歌剧院演唱，是同样令人扼腕的事。至于我们的青年艺术工作者，立志固然应该大；但如果能在纽约艺海里爬到二流或入流，分享他们一杯羹，那已算是成功了。美国白人艺术，是绝对不会让他人来夺取领导地位的。这等于晚清意大利画家郎世宁在北京一样，谁会理会他那两笔画？然而，目前唯一例外的中国人，艺术家蔡文颖先生已掌握了世界权威的宝座。在美国也是大名鼎鼎的杰出艺术家。但他是在欧洲被一个法国名画廊培植出来的。关于蔡文颖先生，我将撰写专文报道，让国人能认识他和分享他的光荣。

（三）美术工作者去海外前，我个人认为应有的一般学术之认识与技能之准备：

A. 关于中国传统艺术理论及国学类：

中国美术史

中国近代绘画史及理论

民间艺术一般性之认识

中国国乐

唐宋诗词

中国现代诗文发展

老庄哲学

石涛之画理辑诠、画语录

佩文斋书画谱

佛学一般常识

B. 西洋艺术理论及美术史类：

西洋近代美术史

透视学

解剖学概要

美学原理

达达、波普、欧普、新写实诸流派之画论

超现实主义的理论

C. 制作能力应有之常识项目：

摄影、冲洗、放大、着色

电子学原理

抽放水机原理

金属焊接及一般技巧

木工

塑胶工

瓷泥应用

印染法及网印

石印画

版画

以上均为最重要的准备项目。在未去海外前，有了中西文化上之必要认识，出去后就不致有认知上的偏颇了，尤其是达达以后各派别之认识甚为重要。C项之摄影技术等必须确实制作。

(四)语文之重要性：在各方面之迫切需要，及多年来之个人经验，深知在海外时期当地语文之重要性，实为来日事业能否发展之关键。假如你来纽约，有高级英文的修养，到达纽约，买几份报纸及艺术杂志、一张地图，在很短的时间内，就可以把当地所有情形及衣、食、住、行、职业等情形一目了然。使这个原来是陌生的地方，很快就变成熟悉的。有良好的语文，别人会很容易了解你，你也将很容易交到朋友。无形中，你会受到不少帮助。每一个国家都设有很多项目的文艺奖金。政府的社会福利及正式大美术馆或研究院、报纸专栏等，对于一个有高深英文修养的人，他可以知道别人所不知道的新消息，立刻打一封正式公文函件去申请，并且知道哪个单位有何种特殊性的细枝末节的要求。尤其是自己应享有的社会福利，如银行、股票、地产、保险等条文内容，如不能通晓，无形中不知要损失多少金钱。在艺术界流派瞬息万变的情形下，假如有好的英文，你不但永不会落伍，而且，也许在你大悟之后，有一个柳暗花明又一村的新创作出现。相反，英文修养不好的人，真像既盲且哑一样。当然在美国是饿不死的，但绝无前途可言。

将视界放在广大的空间及深邃的时间里

萧勤访问记

毫无疑问，萧勤在海外的十七年中，已把作为一个中国人的气质发挥在他的艺术上。尽管他所用的材料越来越现代，作品上的造型越来越趋于几何状的单纯，但是在那些可观而谨慎的画和雕刻中，我们所感受到的则是比以前更强烈的东方哲理，并且使我们领会到这种哲理在生命中的必要性。他的气质不仅未在工业社会面前低头，反而随着时间的考验显示出一股深厚的逼视力量，指向那逐渐空洞的现代生活，提出了一种平衡现代人心灵缺陷的见解，而这见解十足地反映在他的创作态度和他的作品所构成的因素上。

对于三十五岁左右的人，萧勤，不用再作介绍了，因为他曾被熟悉一时。对年轻读者也用不着花太多笔墨，因为至今还可以从一些文章中知道他当年的贡献。十六年前他和另外七位画家所组成的东方画会，曾刺激了台湾现代画的发展；他在十二年前发动的“庞

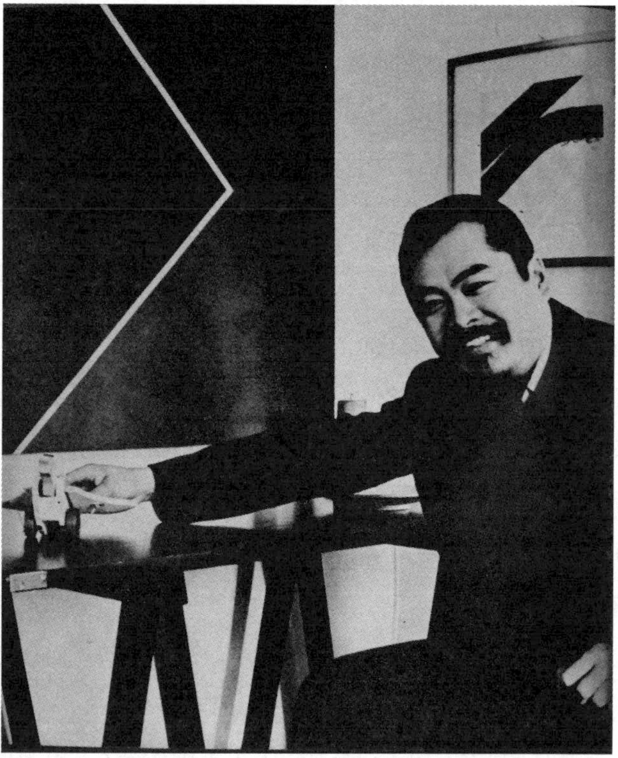

萧勤于米兰画室，约 1970 年。

图”国际艺术运动(Movimento Punto)，也在现代画史上留下了一个记号。

熟悉一位艺术家的过去，是对后代的责任。今天我们所忽视的一些东西，可能会是以后无数人的精神凭靠。不是借此强调某位艺术家，而是借回顾历史，来了解也将成为历史的现在。对于艺术——历史的基石之一——我们不应忽视它永恒的精神内涵。要真能了解和享受艺术，唯有重新认识其精神内涵。同样地，想了解和欣赏萧勤的艺术，便有必要去重新认识他，今日的他和昨日的他。

萧勤所要表现的精神，诚如本篇的对话中所示——“二元性的世界”，是一种生命和宇宙和谐与均衡的追求。今天人类心灵的日渐枯萎、现代生活的日趋苦闷，都是因高度工业化而骤增的。这是物质与精神不平衡发展的缘故。东方哲理的重要性，在于它的内涵是这两者的和谐与均衡。因之，东方哲理重被估价的事实是必然的。萧勤早年受到老子的影响，所以在作品中追求和表现东方哲理也是必然的。希望这两个必然，会使萧勤日后的创作表现更辉煌。

萧勤目前旅居意大利米兰，每年都在欧美游历并观察时刻变动着的现代美术潮流，并执教于数间大学的艺术系。这些忙碌和奔波是可贵的经验和心得来源，期待他能于台湾贡献收获，开导后进。

阮义忠：令尊萧友梅先生是位音乐家，他有没有影响您？您是在什么时候和绘画结上缘的？

萧　勤：除了我父亲是学音乐的之外，还有几位亲戚也都是学音乐和学画的。但家中唯一不好好学东西的就是我。我从小就喜欢乱涂，上小学和中学时，老师在上面讲课，我则在下面乱画一阵，直到十六岁时才开始正式学画。当时台湾没有一个真正的美术学校，于是我就选了北师艺术科。但北师对我的艺术教育可说是毫无作用，真正开始应该是十七岁时(一九五二年)从李仲生先生的研习。从那时起，才对现代艺术逐渐有了了解，自己的个性也才慢慢显露出来。

阮义忠：听说北师毕业后不久您就到西班牙，在海外介绍了当时的新潮流给东方画会，使东方画会的会员们成为当时台湾最前卫的一群画家。请问当时您所致力于引导西方艺术到台湾来，和今天别人从事的类似的工作有什么不同？如果是今天，您会不会仍作那样的主张？

萧　勤：北师毕业后，我在景美中学服务过一阵，那时还继续在李仲生先生处学画。一九五六年我考取西班牙的留学考试而赴欧，次年与另外七位在李仲生处习画的朋友们创办了东方画会。当时台湾的画坛就前卫艺术而言，简直像沙漠一般，这也是我曾努力介绍西方前卫艺术动态的原因。那时，我曾在《联合报》写过一个时期的文章，极力想让人们多了解一点新艺术。现在想起来，我当时那番努力和苦心，或许没有白费。台湾在现代艺术的荒芜情况下，实在需要多看些外来的东西。但后来因为台湾画坛仍是在学院势力控制之下，故反应冷淡，加之批评界亦无水准，使我渐渐灰心。今天我不会再那样去做。第一，自己已不是二十岁的小伙子那么有劲；第二，自己怀抱的理想，亦已被世故的经验冷却下来。艺术是无时间无国界的。艺术不单单是“制作”就够了，在纵的方面应尽量了解自己的精神文化传统、历史背景及其演化；在横的方面应尽量体验人生，了解社会思想而反映其现实(并非写实性的现实)，综合自己的精神的及物质的感受性，寻找适合的形式与技法来从事表现。我所说的纵与横的了解，是深入的、精粹性的了解，而非表面或形式上的模仿与拘泥。二者大不相同！同时，艺术家必须使自己的感受性尖锐化，能先于众人看到或想到，负起文化人的历史责任。而对于过度钻牛角尖及过度的个人中心主义，我觉得历史的意义并不大。也就是说，艺术家永不应只求自我满足，应该将视界放在广大的空间及深邃的时间里。我当时所极力介绍西方新潮流的目的即在此，今天我同样希望大家不要因一些小技法上的成熟，就把个人的心灵给限死了，我们应该把个人可贵的感受性尽量开放。这是无论在什么时候都需要的一种努力。

阮义忠：您所说的艺术是无时间无国界的，恐怕不会被台湾一些读者所明了，尤其是国画的民族意识已牢牢植根了，请问您所指的

“国界”是否与“民族”有关？

萧　勤：我所谓的艺术无时间无国界，乃是从整个大的角度来看，是从艺术感受性的永恒价值去看的。若从民族、时代、社会及政治背景等小角度去看的话，艺术的“表现”是有种种不同的区别，而且这也是必然的。但在任何一种艺术的表现中，皆有其优秀或低劣的一面：经过时间的考验（而时间的考验则是站在民族、时代、社会及政治之上的；是纯粹的美学、感受性、独创性及精神深度中去判别的）后，真正有价值的艺术，自然会成为不朽，其他的则将随时代而淘汰；而这种能成为不朽的艺术，则不再受时间与国界的限制，而成了全人类精神的珍宝。

阮义忠：在意大利您曾发起了“庞图”画会。从您的文章中我们知道，“庞图”（Punto），意大利文的意思是“点”，请问这个“点”的出发点是什么？是东方哲理呢，还是西方哈同（Hans Hartung）、克莱因（Yves Klein）、方塔纳（Lucio Fontana）等人的空间主义？您当年提出这个运动有何意义？今天是否仍在继续着？

萧　勤：这是一九六一年的事了。当年我在米兰和意大利画家卡尔代拉拉（A. Calderara）及日本雕刻家永吾妻兼治郎等多人发起了Punto艺术运动。其精神是以东方静观的哲学为出发，融合西方空间性的探讨，作一个新的世界性的表现尝试。这个运动后来虽因为人事关系而解散了，但它的精神却还是有价值的。这也是我上面所说到的纵与横的了解，加上个人感受性的第一个里程碑。从这里不断发展下去、不断创造新的可能。

阮义忠：谈到这里我想请教您——当时您极力介绍抽象画时，台湾画坛尚在后期印象派的余风下，“东方”的成员已开始作抽象的表现了。在您看来，今天抽象画的问题是不是完全解决了？还有没有发展的余地？如果可能，那又是何种演进法？

萧　勤：抽象与具象，在艺术上的表现如一体两面，不是表面的形式问题，两面可以永远相对的存在；抽象中可有具象的经验，而具象中亦须抽象的结构。二者可说是相辅相成，而且也是一个永久性的探讨与创造的问题。有些人的观点是，在哪个潮流中，这种较为有价值，哪个潮流下哪种比较过时，等等；这种常见的说法，是很肤浅的论据。依我个人的看法，我觉得抽象的表现是较精神性的、较感受性与情绪的；而具象的表现则是较物质性的、较现实性、较人间性的。至于某种表现适合某人，那纯粹要看人而定了。

阮义忠：您去海外后的创作生涯更多彩多姿了。但从表现技法上所选用的材料看，您放弃了油彩而用蛋彩画（Tempera），而后又换用丙烯画（Acrylic），现在又用不锈钢和喷漆，请问这些材料和您的作画观念及您所要表达的精神内涵有何关联？

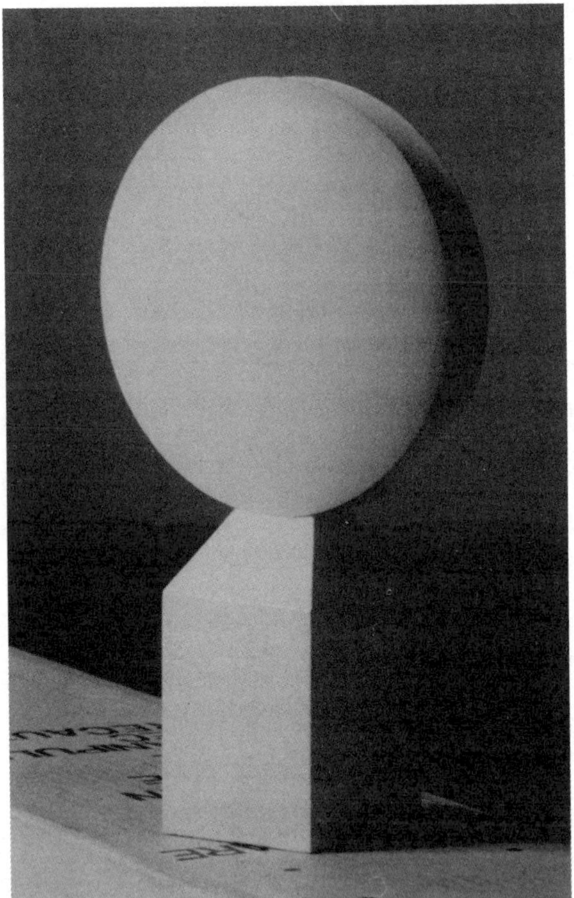

萧勤作品，1968。

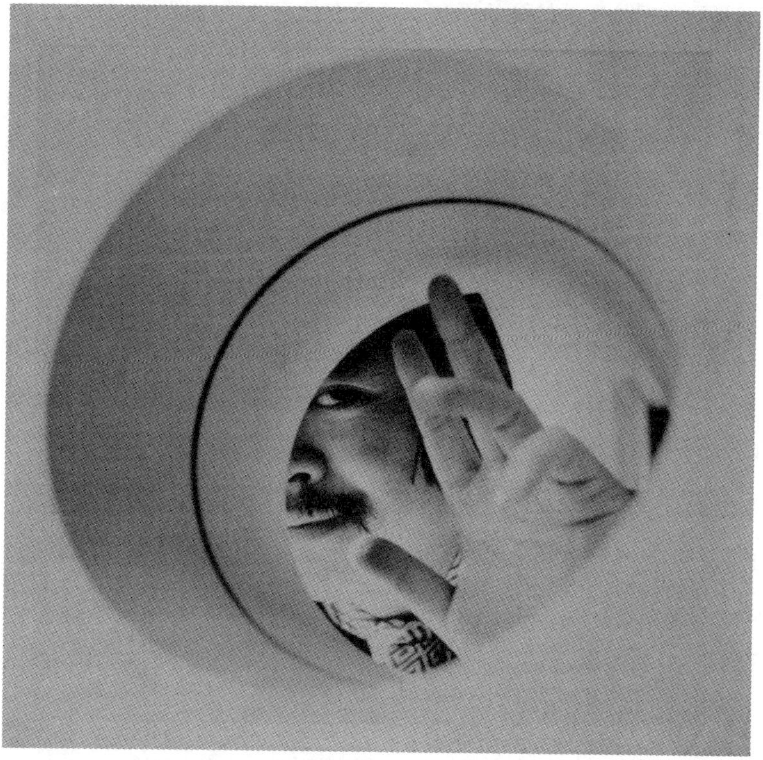

萧勤肖像，1969。

萧　勤：这个问题我们可以分成几个阶段来说。我从一九五一年正式开始学画到一九六〇年为止，都是用油彩作画。之所以只用油彩的原因是受了传统的影响，并没有什么特殊的理由，这个时期我的画也可以说是研究和探讨时期，从最早受后期印象派影响，至野兽主义、表现主义而至抽象，都是在寻取经验的阶段。一九五八至一九五九，开始稍有自己的面目时，已觉得油彩的性能不大适合我的个性，直到一九六〇年底及一九六一年继续做了许多试验之后，发现用墨水及 Tempera 对我合适得多；或许是因为自己的中国传统的感受性吧，老觉得油画有些滞腻，不如水性颜料来得透明和直接。一直到一九六六年我都用同样的技法，虽然画风逐渐地有所转变，但观念还是一样；在动中求静，在静中求动。从二元性的理念出发，在画中求相对的特性。

自一九六一年开始，老子的思想在潜意识中给了我很大的影响(这影响到目前还继续着)和启示。墨水的透明、光辉的效果，适合表现“动”、“明亮”、“阳性的”、“积极的”一面，Tempera 的平朴及深沉的效果，则适合于表现“静”、“黯”、“阴性的”、“消极的”一面；二者正好是相辅相成。

一九六六年我首次到纽约，受到美国社会强烈对比的冲击。在绘画的表现上由曾带有抒情的哲理感受性，逐渐变为更理性及“有距离”了。这里所谓“有距离”的感受性，是为了和以前较直觉的感受来作区别，技法于是改用了 Acrylic；这是一种较中性的材料，也是较理智的，不似墨水那么明快，也不如Tempera那么深沉。但是画中的“二元性”仍然存在，这种改变与其说是在材料上直接表现的二元性，不如说是以形式上的思索来作表达；更进一步地追求画面构成的特性。一直到目前为止，在绘画上我还是在用Acrylic。

一九六九年起我开始做雕刻，用的是塑胶材料，而制作过程则完全是机械化的。这是我在雕刻上要求极严谨的构成和极准确的造型所致。而塑胶材实更能有许多色彩的可能性。一九七〇年开始用金属(以不锈钢及铜最多)作浮雕，这些作品的表面极为单纯与严谨，如镜子般光亮。这些作品的理念，可说是“二次的二元性”。第一，在造型上仍是本着我的二元观念，在作品表面上有两种不同的特性；第二，由于作品本身极为光亮与纯粹，能完全反映出周围的人及事物，遂成为第二种二元性——即是从静中看动，在不变中观变。我一开始时在结构上纯用无色金属，后来部分的金属也加上喷漆，这也是用以作有色与无色的对比。一九七一年我没做雕刻，七二年起又继续重做，这些新的雕刻完全是用不锈钢或金属加上喷漆而成的；造型则和以前相同，严谨而单纯。我之所以走向三度空间，是觉得金属浮雕的反映不足，三度空间的作品反映力则更完整。我除了目前作画及雕刻外，从一九五七年开始到现在，我也常作水墨(或水彩或有色水墨)画，在表现的理念上与我其他作品的二元观念一样；唯表现形式上由于材料的关系，较为明快和直接，这对我来说是一种松弛的制作。因为我的其他作品已够严谨了，画水墨画正好可在严谨中找个休息的机会。从一九六二年到目前我也作了许多版画，包括石版、铜版、锌版及绢印，也出版过数本版画册，版画的观念完全与绘画一致。从一九六九年起，我也用塑胶及金属作多数作品(multiples)，作多数作品的原因是价格可以降低，这与版画的情形是相同的。

阮义忠：东方哲理在您日后的创作生命中，是否仍是您所探求的境界？而东方哲理在今日的世界生活环境、时代的冲击下，以及在科学、工业、机械的社会中，以何等姿势存在着？

萧　勤：今日世界的所谓“进化”，几乎是纯粹物质的。一切科学、工业、机械的进步，都是物质的。而精神方面的探讨(包括哲理、神学及玄学等，并非教堂或寺庙里的人为的宗教)则甚被忽视。因此现代社会难趋和谐，现代人的心理难获正常。宇宙间的万物是精神物质相辅相成的，二而一，一而二也；忽视了二者之一，就变成畸形发展而百病丛生。东方的传统一向是偏重精神的，是静观而综合的；西方的传统则较重于物质，是探取而分析性的。因此我更要在这个西方物质文明活跃的时代里，大声呼吁回顾东方的哲理。用东方的精神哲理为本，西方的物质探讨为用，则世界和人类的进化才会更趋于和谐。这是中国的世界性，也是我自己的人生观和宇宙观，更是我所创作的最高理念。

阮义忠：虽然我们东方哲理的精神在今日世界有如此的重要性，但看看我们目前台湾绘画的技法问题，我也有点感触。在台湾，大家几乎还是停滞在水墨方面，作画的材料观念仍是纸笔，我们失去太多媒介的可能。这是不是中国人的本性只能用这种方式表达自己？而在这种情况下，我们的画家是否已经显现了东方人或中国人的意识，传达了精神和美的诸多感觉以及理念？

萧　勤：中国人的本性是保守的、传统的(我们有五千年文化担子)、随遇而安的、以不变应万变的，而这种本性在作画方面也反映了出来。中国人即使画现代画，其技法也是保守的，至少是走稳当的路子而不肯冒险，流于公式化而不求创新。

在中国画家中有两种现象：一，有许多人用水墨来画现代画，以为如此就可以把所谓“传统”与“现代”结合了，同时也就因此心安，以为自己没有忘本。我并不反对这种技法，而是反对这种精神观念；因为这种观念是先人的，是学院的。或许是我尚未看到有人用这种技法创出一个崭新的局面来。我并不是说用这种技法画不出好画来，但要打出一个崭新的局面，是要具有领导性的独创性的，而作一张好画不但需要纯熟的技巧而且也需要优秀的感受力，在技巧上过分因循，不一定是个好现象。一般来说这种用水墨表现的范围，多半是在台港两地，也是中国传统观念最深的地方。二，有许多人到了欧美，虽不一定再作水墨，用了些较独创的技巧，使用其他的办法，但一旦用上了某一种技法后，也大有以不变应万变之势，或许这也是中国人的保守性之故；中国人是万事稳扎稳打，按部就班。在艺术方面也是如此，要求精、要求熟练，大家就异口同声说是对的，因为这是所谓“有功夫”也，要是求新呢？那就糟了。中国人的观念中，搞新的一定是“怪异”之辈！因此我们的绘画界总是一脉相承，以不变应万变，老是抱着祖宗的脚而不知如何走些新路子出来。如果中国人在这方面的观念不改变的话，中国的艺术永远不要想能独创一个新局面来，更不要想能领导世界艺坛。说来说去总是观念的问题——要先有观念，才能产生技法。总之我的意见是：中国艺术家们要大大地自觉，勇敢地创新，中国的文化才能真正复兴。

阮义忠：中国艺术家在这种传统的保守性的影响下，如何才能跟上欧美的潮流，或者我们根本跟不上他们？

萧　勤：如果是要跟、要模仿，那么任何人也不易跑到被模仿者的前头，我国画家自然也不能例外。这个永远跟不上的原因很多：一，艺术不是机械，在机械或在科学方面，如果把技术学精了、理论弄通了，也许可以赶上人家(如日本的工业)。但艺术是人文的，是创作的，在这方面即使学精了技巧，弄通了理论，但若没有创作的根底，就永远赶不上别人(亦如日本的艺术)。二，艺术创作的产生，已如前述是不能与社会、文化传统、人文思想甚至于政治影响脱离关系的；在某种情况下，自有某种艺术产生，这是必然的现象。目前来看(将来也是如此)，我们的社会、文化传统、人文思想、政治背景皆与欧美不同，即使要跟也是不容易的。而且跟出来的东西都是不真实的、表面的，又怎能赶上人家呢？你问我要如何才能跟上欧美潮流，我的回答是除非我们的一切社会因素、文化传统、人文思想及政治情况能改成和欧美一样，那或许还有些可能；但是话说回来，这个“改变”是否可能和是否必要呢？即使社会因素能改变，而文化传统和人文思想是否也能改变呢？

总而言之，艺术是独创的，而这个独创的因素是受上述各种条件的限制。我们的画家们为什么要跟这跟那而不去发现自己的独创性呢？我认为中国的艺术家们，应自觉地体验我们自己所处的每一条件，再从这里追求新的独创出路，才能掀开中国艺术的崭新一页；要是我们老想跟着欧美跑，在精神上我们就已经殖民化了！

阮义忠：您时常在欧洲美洲间游历，对西方潮流看得比别人清楚。请问您对目前各绘画的新潮流有何看法？是否能分析各流派的动向？

萧　勤：谈到欧美当代各艺术潮流之前，我得重申我对“艺术的文化价值”的看法，即许多潮流不一定有其艺术的文化价值。今日西方的艺术演化，大都是时髦的形式演化。艺坛的领导者或控制者并非艺术家，而是画商串通批评家的垄断组织。欧美艺术投机的黑暗面，非台湾研究艺术者所能意料得到的。但这也不是说欧美近年来没有产生有价值的艺术运动，而是原本有价值的艺术运动到了画商手中就完全商业化了。这也许与其社会组织有关。我所以作此申明的原因，是要提醒读者们，不必盲目地把每个欧美的艺术运动拿来当《圣经》看，应该用理智的、冷静的眼光去审察、批判。

我们先看欧洲方面：六〇年代初期非形象已渐走下坡，法、意、德出现了新写实主义，这与所谓的写实毫无关系。新写实主义是直接由达达主义演变而来，也就是说是从达达的颓废、消极与玩世不恭的态度发展出来的。在表现形式上是具象的多，在技法上则极度自由；有克里斯托(Christo)的打包裹，也有西萨(Cesar)的将汽车压成方块，有罗泰拉(Rotella)的撕海报，也有斯伯里(Spörri)的吃艺术(把食物当成作品)，等等。同时在德、法、意、荷亦有抽象性的“零”(Zero)运动产生，这是一个纯粹的极度抽象的艺术理论性的运动。“零”运动部分受方塔纳(Fontana)的空间主义影响，另一方面与“庞图”(Punto)运动发生姻亲关系。“零”运动在承受了部分空间主义的抽象处理空间之观念后，把抽象性极度化与纯粹化了；单色派(Monochrome)也就是里面的一个分支。克莱因从他的全蓝或全红画(画中无任何形象)到一个“无画展”(他在巴黎的一次个展中，只是四面白墙，墙上无任何物体)，再到出售感受性(购者与他对坐数分钟互相注视，克莱因由此传授他的感受性，而发给购买者收据一张作证)为止，可说是抽象之极致！曼佐尼(Manzoni)从用棉花球作构图起，进而用手指模印在蛋上，而展出艺术家的气(把他的气吹入气球中)及艺术家的大便(把他的大便装入罐中)，真是既抽象而又嘲世。再如于克(Ucker)之用钉子钉在画布上(整整齐齐地钉上)，皮纳(Piene)之用烟作抽象等也都是抽象极端的表现。但这些表现除了极端抽象的理论之外，并无其他精神深度的探讨；而这却是“庞图”运动产生的起因。至于“庞图”的宗旨与理论，前面我们已谈过了，无须在此重复。

一九六〇年代初期，可说是一个非常活跃的年代。与前述各艺术同时，视觉艺术(OP Art)及机动艺术(Kinetic Art)也在蓬勃地发展中。视觉艺术是以瓦萨雷里(Vasarely)为主，从构成主义(Constructvism)发展下来的以几何形的结构、对比的色彩组织起来，产生一种特殊的纯视觉上的美感；而机动艺术则是视觉艺术的延伸，除了纯粹色与形的结构美外，更进一步要求动态美。总而言之，这两种艺术是纯粹视觉的，纯粹美学的。后者可说是对当代的机械文明的一种礼赞与升华，但两者对于精神深度的探讨都是有限的。

一九六〇年代中期在法、意更产生了所谓平朴艺术(Art Pauvre)，这是一种在理念上极端反对现代的机械与物质文明而走回原始的艺术；它与美国同时发展的大地艺术(Land Art)颇有血统关系，容后再述。平朴艺术家们的制作亦无所谓绘画或雕刻之区别；他们是作一整个的环境(Environment)，在这个环境里放一块或数块石头，或放些草，或放些土、沙，或碎布、木材等。总之在最平朴的自然中(或人的生活的自然中)所能找到的最平朴的材料，皆可放在一个环境中而完成一个作品。正如前述，他们要打破一切现代文明、一切社会组织而返回到最原始最单纯的人与自然的关系。不过在技法上，“环境”的运用在机动艺术中已经有了，他们所作的机动作品(多为三度空间，亦无所谓绘画或雕刻)放在一个特殊的环境中，配以合适的光或声。

一九六〇年代中期在法、意、德又产生了新形象派(Neo Figuration)，这是一种在造型上趋于写实的政治意味颇重的作风。与美国的波普艺术有远亲关系，不过在政治意识上较波普艺术更为明显与积极。他们的主张是反对西方资本主义的社会组织，而主张革命的；在技巧上的表现则常用摄影术的配合，用拼贴(Collage)、写实的办法。

六十年代末期在法、意、德产生了所谓观念艺术(Conceptual Art)，这可以说是与艺术观念无关的艺术，事实上也是如此。这些作家们常把一份报纸，或某页教科书或任何书籍的任何一页加以摄影放大，如画一般地陈列。观念艺术与达达也有很远的亲属关系，而与平朴艺术则有表亲关系，所不同于平朴艺术者，是更有智性(intellectual)、更讥嘲。除了在根本上反对任何既成艺术形式之外，它将一切可视阅之物均当成艺术。在原理上来说，一切摄影均可称之为观念艺术亦不为过；这是一种完全客观的，与个人创造几乎无关的艺术。更简单地说，它只是“反映”一切而已。

上面所谈到的是欧洲近十多年来的艺术活动主流及其观念的一个简单介绍。一切主要的活动似乎都是发生在法、意、德；其他西欧国家如英国，比较与美国有密切关系。在英国较活跃的艺术形式是波普艺术和硬边艺术(Hard Edge Art)，比、荷与奥地利则受法、德的影响，奥地利却一直有它的梦幻的超现实主义在继续着。丹麦则仍停留在后期表现主义阶段。瑞典虽较前卫，但仍缺少独自的表现。瑞士则一直持续它的构成主义的几何组织之传统，亦在视觉艺术中有所表现。西班牙似乎与其他欧洲的艺术无甚大关系。法国人曾嘲笑说欧洲到比利牛斯山脉就终止了，这不仅指地理，连艺术都不例外。西班牙从五十年代曾有非形象艺术昙花一现之后，再也没有新的艺术形式出现。少数艺术家仍在作非形象的表现，也有少数人在作跟上世界潮流的尝试，例如在国际新形象派中亦有几个优秀的西班牙艺术家，但他们不愿意在国内工作，这或许是因为西班牙内部的某些因素所使然吧!

现在再来谈谈美国近十年来的艺术动向。使美国一跃而成世界画坛主要的领导者之一的艺术潮流是行动绘画(Action Painting)或称抽象的表现主义(Abstract Expressionism)，这个潮流发生于一九五〇年代中期，而其影响源远流长。在一九五〇年代末六〇年代初，另一个非常“美国的”的艺术运动发生了，且影响了全世界，即波普艺术。它本来与达达主义有远亲关系，但后来发展成一支非常独特而崭新的艺术形式，是具象艺术回归的一个大胜利。具象艺术从波普之后，可说是有了一个新起端，所以这个运动是划时代的。在艺术表现的形式及技法上，发生了极大的影响。而在艺术精神的表现上，由于它极端批判及讥嘲美国的物质文明的社会，所以显示出所谓“美国精神”的整个震荡与有重新估价的必要；这个影响在美国国外增长了反美的思想，在美国国内则更掀起了革命性的作用。一切反对美国所谓“既定阶级”(establishment)的活动，诸如嬉皮士、反战运动、反物质文明运动等，皆与波普有直接或间接关系。欧洲的新形象派更是直接地受到它的影响，但其不同之处是：波普是消极的批判，而新形象是积极的政治参与。关于波普的艺术表现形式及技法，总括来说，是从剪贴、写实，使用摄影技术、插图及漫画形式发展到三度空间。某些地方亦与一九六〇年代初期欧洲的新写实主义有共通处，但新写实主义的游戏性较重。

一九六〇年代中期，美国产生了大地艺术，艺术家们走出了有限制的画室而“直接”在大自然中工作了。这与印象派的画家们到大自然中去写生不同。他们是直接在大自然中制作，甚至艺术地改造大自然。例如有人用机车在大平原上划线作构图，有人在沙漠中投炸弹及划线，有人将整个山头或一段河流染色，有人将整个海滩包裹起来，有人在山谷间作一个屏风，等等。大地艺术与欧洲的平朴艺术有异曲同工之妙，两者的思想立场一致，不过，前者则是更积极的改造，不只是回复到原始就满足了。有人就会问了：那么这种艺术怎么“卖”法呢？艺术家们创作后，商人自然就有办法销售。他们把“改造”过后的大地摄影下来(彩色的或黑白的)印成大照片，艺术家们签名及写上号码，就可以当版画般卖了。这与观念艺术在“出品”一面来说，也有异曲同工之妙呢！

几乎与波普艺术同时，美国有一个新的抽象运动出现，名为硬边艺术，其远亲则为欧洲的构成主义。“硬边”的产生一方面是与表现主义的抽象对立，盖前者是较理智的，而后者是纯情绪的；另一方面则是与波普的具象表现对峙。“硬边”是建设性的、乐观的、智性的、积极的、有精神深度的，同时也是唯美的。在某些方面与“庞图”运动有其共通之处。“庞图”是更富哲理的表现，“硬边”则较偏向于空间的装饰性(本来艺术也应该是有装饰性的)。

一九六〇年代末期到目前为止，美国产生了到现在还风靡一时的超级写实主义(Super Realism)。这的确是顾名思义的百分之百的比照相还真实的写实。在观念上，它与波普有直属的亲戚关系。但由于其表现性的真实感，超级写实主义则更为客观。在制作过程上几乎完全是技术的，不容许有个人情绪的成分。在绘画上，他们用摄影及制色彩片的技术来作画，而其制作比摄影更精细、更机械化；由于面积大，可以做到摄影也做不到的地步。在雕塑上则用塑胶一类的材料，像做蜡人一般，但更富真实感，与真人简直无区别，只是没有生命而已。在其表现中，任何题材皆可以取而用之——从普通风景、房屋、汽车、坟墓、街道、商店、工厂到做一切事的人(连男女欢爱在内)。可能他们在理念上和欧洲的观念艺术有异曲同工之妙，前者是直接的，后者是智性的。

一九七〇年代初期，美国又有回归抽象表现主义的倾向，部分硬边艺术的画家们正在尝试着形式的解放，在作品中加上更多的情绪，再走向非形象及行动绘画的路子。至于其发展情形如何，尚有待观察。

欧美除了这些主流外，尚有其他许多不同的表现与探讨，如纯粹赞美机械及科学文明的，用许多前卫的机动的发现来创作，甚至有用激光的；也有像太空时代的幻想的作品；有从生物化学研究出来的表现形式；更有唯“性”的艺术；有从社会学出发的人间性的作品；亦有对社会和政治的讽刺，甚至针对“性”的怪诞作品，形形色色不一而足。总之，艺术的研究与创作范围在今天已经是广大得无所不可了，任何形式任何思想皆可在艺术中表现而无限制，技法方面也是极度自由。只要有所谓的批评的理论及画商的钞票支持，任何种艺术都可以成立，在这种情形下，许多投机的画商、批评家及艺术家也就乐得把艺术变成赶时髦一般，年年改换样子，寻找新鲜，一些新的暴发户也生怕落在时髦之后。所以新鲜产品一出，就马上有主顾，真是皆大欢喜也。

以上我粗浅地回答您这个大问题，希望读者能重视我在本文最先所提醒的重点，不要将欧美的新潮流视之为圭臬，应该客观地观察他们的社会背景和文化历史，及其艺术史的演变过程，这样，才能对其潮流的来龙去脉有所了悟，以此为借镜，方有助于自己的创作发展。

阮义忠：照这样看法，今日艺术既然如此分歧，任何形式、任何思想皆可在艺术中表现而无限制，技法又是极度自由。那今后的艺术到底要往何处去呢？

萧　勤：这个问题与其问艺术家，不如去问画商。我这么说可能刻薄了一点，但艺术毕竟是严肃的，至少我个人的立场是如此。因此，如要我回答艺术何处去的问题，答案是我个人的。

话又说回来，作为今日的一个中国艺术家，在立场上我们应把眼光放得远大，放在世界上。因此在创作的理想上应是世界性的，不应再限于地域性或民族性，地域及民族性应使其发扬光大。用世界性的眼光来看视，来感受。中国艺术家更不应像日本那样尾随欧美潮流而唯恐追赶不上，如果老跟别人跑那是一辈子也赶不上的，我们在“纵”的方面，应该有自觉的历史探讨与批判，吸收精华而不做表面模仿；在“横”的方面应该了解当今中国人在世界上的地位、社会关系，带着批判的眼光来观察别人的经验，吸收我们认为好的、对的、积极的东西，再综合自己的生活目标、经验与感受，探求精神的深度。游戏性的试验是可以做的，但不能成为创作的基本因素。从这个基本要点出发，我深信将来中国也能产生影响世界的艺术家或领导世界的画派。中国的文化遗产是丰富的，中国人是优秀的，如有一天中国人能领导世界艺坛也并非出人意料之事！我愿以此与所有中国从事艺术的工作者共勉。

我个人是没有重要性的

李明明访问记

李明明，四川开县人，生于一九四〇年，五岁时随家迁台。自幼研习中西绘画。先后毕业于北一女中、台大外文系。于一九六二年考取法国政府公费赴巴黎习画，曾就读巴黎大学文学院及巴黎高级美专。一九七〇年提出博士研究论文，并自一九七一年执教巴黎第一大学艺术系，主讲中国书法、中国绘画及民间艺术等。李女士现有一子一女，夫金戴喜先生执教巴黎第三大学中文系。

除了上面的简介，本篇笔谈录并不能帮助大家进一步了解李明明这个人。因为李女士坚持不要介绍她，指示笔者将这篇笔谈录的重点放在“问题”的讨论上。她在信上说：“我个人是没有重要性的。”是的，每一个“个人”都不是重要的，我们有更重要的课题——我们的文化、未来中国画的命运。而李女士在本篇笔谈所回答笔者的也就是这些问题。

在今天，艺术家对文化的责任更重，对社会的介入也更必需了。

李明明于巴黎，约 1970 年。

艺术的形式、内容因经济结构、社会结构以及整个时代的变异而改变，艺术家的创作态度也必须重新正视自己的文化，并对它负责。旅居法国十年的李女士，以她多年来的艺术家理论研究工作、艺术教学的实际经验，来看这些问题，发表她的意见，并对台湾艺术界有所建议。如因她这些肺腑之言，而引发我们同她一样去严肃地反省和检讨，这该是本篇笔谈的最大用意了。

阮义忠： 近年来从事绘画及艺术理论这种艰辛工作的女性不多了，您是在台湾学生时代还是去法国后才选择了这条艰巨的道路的？能否让我们知道您作这项决定的经过，以及今天您所研究的感想与心得？

李明明： 首先我得向你解释的，是希望你不要把我当作一个艺术批评家或者是画家来访问，我只是一个对绘画及一些艺术问题有兴趣的人。我曾经画过十几年的画，但最近几年来画得很少。一九六二年来巴黎，本来是想学纯粹绘画，最近几年来却发现自己渐渐走向理论的路子，经深入探讨，这里面实有其客观与主观的因素。

一九四六年初，我才五岁就随父母迁台，进女师附小读书。在我模糊的记忆里留下有关绘画的只有几点零星小事，可能很多从事艺术的工作者都有类似的经验。那时候我们住在锦町（潮州街和金山街交叉处）一栋日式房子里，每天走路上学得经过罗斯福路口的一个小杂货店，里面卖的有花生米、炒米糖、米糕等，是小学生们来回学校途中最爱逗留的地方。有一次我在那儿发现一些洋画片——从飞禽走兽到风景人物，彩色明艳，很吸引人。我不但收集了一大堆画片，还暗地里模仿着画起来。我这种兴趣一直到初一那年才引起父母亲的注意，父母亲商量的结果是请了一位供职交通部的同事——早年毕业于杭州艺专的吴先生，每星期来教一次图画，我那时学习的是粉笔画（pastel），作些静物画，这应当是我真正学画的开始。

大概是读初二那年，我进了孙多慈教授画室学素描和油画，孙先生对学生的鼓励与帮助影响我很大。那时候孙先生的画室在师大旁边的教职员宿舍里，是当时一些艺术系学生课余用功和见面的地方，因此我很幸运地一方面领受孙先生的指导，另一方面得到向艺术系老大哥们观摩的机会。

在同一年里我开始学国画。曾先后向张榖年先生和吴咏香、傅狷夫老师学山水、花鸟。我学画的过程大致是这样。开始发生兴趣的对象是绘画本身，当然不会是理论。我是国画与西画同时并进，一直到一九六二年来了巴黎，进了法国国立艺术学院的油画画室（教授是沙泰尔），也是一面在画室画油画，一面回到宿舍画国画。我得承认这两种不同的表现方式常使我困扰，是造成我后来越画越少的原因之一，最近我尝试把这个结慢慢地打开来，希望逐渐地能多画一点画。至于对画史、画理发生兴趣，是前几年写论文和近几年教画环境培养出来的，另一方面也是为了替自己找寻解答，并没有意思想成为理论家，我想许多画画的人都会有这种经验。

阮义忠：您近年来研究艺术史、艺术教育，请问您对当前中国画家们所选择的路子，尤其是近年来风行的新国画——也就是水墨画有何意见？

李明明：为了便于讨论，我想把中国近七十年来的绘画发展大概说一下。我个人觉得中国近七十年来的绘画大约可分出四种风格：

第一种是中国文人画的延喘。画家们囿限在元、明、清文人画固有的形式里；这种绘画与现实生活完全脱节，很容易使内容枯竭，形式僵化，即使有几位造诣极高的画家如任伯年、黄宾虹等，也很难在这属于另一个时代的绘画形式与内容里开拓出路子来。

第二种是由于时代的冲击。西方绘画技巧在本世纪初期经日本传入，中国画尝试改变，譬如人物画里的人物着现代服装，风景画里画直升机、钢筋水泥大桥、火车；透视方法也由中国的“游动视点”（perspective mobile）与“鸟瞰透视”（perspective cavalière）变成西方的“单眼透视”（perspective monoculaire）或“几何原理透视”（perspective géométrique），色彩讲求明亮艳丽，等等。

这个国画改革运动是不容易的。在二十年代里曾引起过不小的骚动，高剑父（一八七九至一九五一）、高奇峰（一八八九至一九三三）兄弟就很热心地提倡这种风格，想为国画注入新血，很可惜的是这一输血试验因为没弄对，而没有成功；也许高氏兄弟的画受了日本画的影响，太重装饰趣味，以致当时被纳入岭南派，贬多褒少。

第三种风格应该是第二种的延续：由于第一次新国画运动的教训，发现生吞活剥西洋技法不是办法，但是国画似乎不得不变，所以在技法上求解放的同时，也把题材、内容改变。因此在抗战期间有许多的讽刺画、民俗画，乃至于一些故事画、连环画，在形式与内容上都达到了相当的水准。

第四种——就是完全采用西方的表现形式，自石膏素描、水彩写生到油画等整套地运用上去。西方绘画技巧的东传是十九世纪末的事，而日本却早过中国三十年（日本首次在东京设西画教学是在一八七六年，中国是一九〇六年在南京），所以早期的西画技巧是假日本的手传入中国。当时西画教学完全仿照巴黎式的画室作风。第一次世界大战后，在北平、杭州、南京、上海都先后设立了西画教学。譬如徐悲鸿在南京、刘海粟在上海、林风眠在杭州等。那时候以巴黎为中心的西欧绘画正是后期印象派发展下来的潮流：有立体派、野兽派、超现实派等形形色色。可是，同一时期在中国传授的西画却是学院派的，站在西画的立场看，这个流派与当时被中国的西画家们所摒弃的传统国画是一样的“古典”，一样的“传统”。所不同的只是以西方传统代替了东方传统，以油画笔代替了毛笔。

当然，在七十年代的今天，画西画的条件，至少在物质条件上，要比二三十年前优越多了，借着传播工具的发达——复制品、报章杂志、电影电视的报道，中国的西画家越来越新；可惜的是这一切“迎头赶上”的努力常只是限于“形式”上的，“内容”方面则往往落空了。

分析以上四种风格后，我们比较容易了解自己应当在哪一方向努力。

中国本来有一套土生土长的艺术传统，有一套长期发展下来的经验。它们的题材、内容、形式都是在这一个传统内彼此互相适应，故艺术的根是盘结在实存的基础上的。所以当这个基础的结构起了变化，换句话说，当我们的社会结构、我们的生活方式起了变化，那么，艺术的内容与形式也应随着而演变。当然，这是推理就可以得到的结论，但在实际上是不是也那么容易呢？我想目前的新国画可能就是朝着这个方向努力，不过，新国画也不应是凭空而生的，尤其不应只限于水墨技巧的范围，水墨画以外应当还有其他的形式：水彩、油画、木刻、连环画都可以作为新国画的形式，甚至于民间艺术的剪纸画、年画，也可以作新国画的参考。最重要的一点，就是绘画不可和我们的文化根源与社会脱节。

阮义忠：那么，对于目前一窝蜂的趋势，即水墨画之泛滥，您认为这些画家是否有必要对传统艺术精神及其内涵本质作一番新认识？

李明明：我不知道你所说的水墨画是泛指一般用毛笔、水墨作的画呢，还是专指水墨画中“泼墨”的技巧而言？我猜想你指的是后者。

近十年来的确有许多画家滥用泼墨画那种淋漓透明的效果，故弄玄虚。在“墨团团里墨团团”变幻莫测的效果下，又穿凿附会一些神秘性的理论，使得在西方人的眼中本来带有神秘性的东方艺术更加神秘起来。如果以这种态度作画，就不免是取巧，没有实际生活作基础的艺术是会落空的。即使制作者还有兴趣制作下去，看的人大概不会再有兴趣看下去了。

阮义忠：传统画里，我们有一些技巧问题，比如笔法的运用，构图上的格局及体裁上的选择，我们今天有没有重新检讨的必要？要怎么样改良它和发展它，才不会落于窠臼，才能从中找到一种新风貌、新境界的中国画？

李明明：在艺术的园地里（别的园地也是一样），我们总是不停地不停地检讨创新和发展，今天我们画国画的常苦于冲不出古人的圈子，主要是受了题材与内容的限制，题材革新了，形式与技法自然会跟着变。

所以革新国画的第一点，就是对传统题材加以批评选择，古人画里弱不禁风的仕女，单薄的骚人雅士，既然不能再代表七十年代的生活，便不再画它，我们如果一定要画仕女雅客，也必须是另一种形态的仕女雅客。

第二，画要自实际生活中取材，避免逃避性的“虚无主义”。以前的文人画太文学、太哲理，即或表达了画风初起时代的那种生活和理想，也已跟今天的生活距离很远。我们得把画拉回到生活中来。我个人对“灵性”的探求是没有异议的，只是对于一些过分“虚无”的追求实难苟同，像“惚兮恍兮，其中有象，恍兮惚兮，其中有物”或者“法无定相”等妙语，我们如不能追寻出新的诠释，就应该抛弃。

第三，从丰富的生活中提供丰富的题材。在七十年代的今天，艺术家仅仅闭户静坐，苦思苦想地找创作体裁是不够的。艺术曾经只是或者主要是“成教化、助人伦”的工具，是文人雅士用以寄兴、打发时间的方法，或某一特权阶层独占的奢侈品。但是在经济结构、社会结构演变到今天的情况下，艺术不得不由王者的手里、教堂里、文人雅士的书斋里、特权阶层的沙龙里，甚至博物馆走出来。今天可以左右整个民族的命运，决定整个社会形态的人越来越多。因之，艺术也不得不为越来越多的人服务，艺术自然而然必须走向广大的群众。

我并非鼓吹艺术无条件的“大众化”，然而，只要艺术落实在生活上，就自然而然会“社会化”、“大众化”。

至于技巧问题，我国传统水墨画实有其独特的优点，它能在我国达到高度的发展，当然有其必然的因素——用笔、用墨的画，由于历史的因素，似乎比用刀用刷子画出来的画更适合国人的趣味。就用笔来说，它有轻重之分，抑扬之分，顿挫之分；而这种轻重、抑扬、顿挫的用笔方式和我国书法用笔方式是一致的。事情是这样微妙，尽管用的是同一支笔，可是按照我国书法用笔方式作画，和不按我国书法用笔方式作画，其结果就大大不同。西方人用惯了铅笔、炭笔来画，一旦拿起毛笔来作水墨画，在线条上难免仍带有铅笔或木炭笔线条的味道。又譬如亚洲有不少国家都有水墨画，作画的工具材料也大致与我国相似。可是，日本的水墨画、韩国的水墨画都与我国大不相同。我无意鼓吹一种用笔方式而排斥另一种用笔方式，而是认为在进一步发展我国水墨画之前，必须对我国水墨画的本质有所区别。

至于用墨和敷色，其浓淡、疏密、虚实之分是和用笔的轻重、抑扬、顿挫同出一理。现代人画水墨画不必拘于“工笔重彩”，或“平涂双钩”，不必拘于一丝不断的“铁线描”或“游丝描”，波法、树法不必讲求某家某派的规范。画家应根据内容的需要来决定。线条不单是用来勾画轮廓，还要用来表现主、次、虚、实；黑色不单是用来表现形体，还得由它的明暗色调来表现物体间的相互关系、表现质感与量感。元人画梅诀里有“浓写花枝淡写梢，鳞波老杆墨微焦”，这是元代人发现以不同墨色来表现树枝质感的心得；现在我们的问题是如何以同样的材料来表现新的内容。简单地说，就是不要以死方法限制活人，也不要把活东西僵死地画在纸上。

我觉得水墨画的基本功夫是要具备的，但不必硬搬硬套地抄古人笔墨。仇十洲、徐青藤的笔墨是要学的，但不能不加以批判就用进自己的画里。

我一再强调作画的立场与动机，这是出于自己过去痛苦的经验。假若在开始学画的时候，就有人指点我如何选择、如何批判国画传统技巧，我想不至于到了后来有画不下去的结果。

阮义忠：既然艺术与社会是不可分的，请问艺术创作与社会形态究竟有何关系？

李明明：这一点，我在前面其实已经谈了不少。人是社会的动物，艺术家的创作生命与社会活动紧密地联系在一起。举个例子来说：二十世纪是科学知识占优势的世纪，自从工业革命以后，西方文化可以用一句话代表——那就是人在利用科学制服自然。因此是“知识”称王的世纪。“知识”浸淫到“信仰”的领域。科学“发现”胜过艺术“创作”。在巴斯德（Pasteur）、爱因斯坦等科学家划时代的胜利下，文人、诗人、画家与教士，日渐丧失了他们优越的社会地位，甚至可以说有了自卑感。不过，在另一方面，科学的发展，却又丰富了艺术的内容，艺术家们对科学理论也逐渐发生了兴趣，意图在知性的领域里找寻灵感，因此产生了二十世纪各色各样的画派。立体派也好，未来派也好，超现实派也好，画家们有的把“感性”付诸“理性”，有的追求机械美、数学性的抽象美，有的探求人性深处的奥秘，这一切都与当时的社会形态相呼应，所以欧洲二十世纪的艺术，不同于十九世纪的艺术，这是社会形态所使然。

再看看我们中国的情形，中国绘画自清以后，一面有石涛、八大、扬州八怪等杰出人才，以新颖的绘画代表了当时潜流在民间的一股民族意识；在另一方面，四王吴恽诸人的画，反映了清廷在政治与文艺方面所采取的高压以及维护正统的作风。再往后去，从十八世纪末到十九世纪末这一段时间，中国绘画史上几乎是一片空白，这与当时的政治封闭、经济破产、民族意识的低落莫不有直接关系。

二十世纪初期，民族意识的高涨，都在当时的文艺活动中表现出来了。当时的青年们无不热血满腔，文艺活动自然朝气勃勃。虽然西画技巧的传入与传统国画有点格格不入，但是在全民参与救国建国的大前提之下，这些只是枝节问题。在一九三〇年代里，不论是改良国画也好，以群众为对象的木刻版画也好，以批评时政为宗旨的讽刺画也好，都反映了那个战乱的时代，反映了生活。也许它们的技巧有进一步的讨论的必要，但是因为它们是真诚的，在精神上它们足可以代表中国二十世纪上半世纪的艺术。

目前，台湾的绘画界，表现的是想以西方的价值作标准，以西方的方法为解决途径，这是很危险的。我们应当认清一点，就是今天台湾的教育固然西化，但是把纽约的欧普或波普艺术甚或“反艺术”空降到台湾是行不通的。或者将台湾成长的画家空降到巴黎，也是不可能像六十年前毕加索从巴塞罗那跑到巴黎一样，马上与当地的绘画衔接上。文化的根源不同，社会背景不同，生吞活剥西方传统就像生吞活剥自己的传统一样行不通。

我这里也许话说离题了，但是我是由衷地希望今天在台湾的画家们能认清我们自己的社会现状。我们的社会是一个在经济成长中的社会，我们有我们的艺术问题，有我们的艺术需要，西欧、美国是一种消费社会，他们社会产生的艺术品不一定适合我们。

阮义忠：艺术是一种社会感情，而一些画家往往不愿投入这感情中，他们只求自我个性的发展，这种态度是“逃避”呢，还是另一种“介入”方式?

李明明：艺术有“唯美式”的，有“载道式”的。“唯美式”的艺术有钻进象牙塔的危险，“载道式”的艺术有掉进宣传广告的可能。我们可以从历史上看到，这两个倾向一直不断地互相消长，几乎可以说像拔河比赛拉锯战中的两个力量，而它们的消长又总是与时代的需要相呼应。诗人在必要的时候会放下笔，拿起枪杆。不过，有一点我们必须认知，就是失去时效的“道”的讴歌者，必定会被时代抛到后头去。

因此，我们今天是处在怎样的一个情况，那就要我们的画家自己有所选择了。

阮义忠：既然艺术是“社会感情”的一种，那我们毫无疑问地要用艺术来提高人类的“社会生活”，而在今天这个时时受到毁灭威胁的世界，有人认为必须用一种根本统一的世界宗教，才能经得起这个挑战。那么站在艺术立场，艺术是不是也一样地必须用一种世界性的“统一艺术”，才能挽救人类的文化呢?

李明明：这个问题的前半部分，也就是说，我们这个世界时时受到毁灭的威胁这一点，我相信是大多数人同意的。至于是不是得用一种“根本统一的世界性宗教”才能挽救，我还是第一次听见，所以从未考虑这个问题，不敢说。中古时代西方的十字军东征，至少在名义上，似乎是出于这种论点的行动。它的结果如何，我们已在历史上看到。

谈到是否有世界性的统一艺术这一点，我倒有一点意见：世界上各种民族不论是黑的、白的、黄的，他们都是人类这一大族的分支，他们在人性的基本上都有许多共同点。就艺术来说，同样会兴奋于火和明亮的色彩，惊叹于宏大的形状，仰望日月星辰、俯视大地一定会动容，这些是基本上的共通性。但是每一地域的文化发展自有其地方性和民族性，像是同根生的树干往上生长发展成树枝，而且越分越细。有时候，一地域的文化发展距离根源越来越远，会达到很奇怪的地步。譬如中国过去妇人缠小脚，是由于中国女性美的观念逐渐发展的结果，大多数人的确觉得小脚比大脚美；又如非洲某些地方的男人以兽骨穿鼻，女人以金属项圈拉长颈子为美，这些都是地域性极端发展的结果，一旦这种文化与另一地域的文化接触时，这种极端地方性的奇异发展就会受到淘汰。

由此可见文化发展过程中不可避免的地域性与民族性。地域性奇异的发展固然会因为与外界的接触自然消失在正常情况下，但两种不同文化的交融与影响是要在两种文化势力相当的时候才能产生。否则，当两种不同的艺术标准相抵触时，往往以强势文化的艺术标准为标准，这里便又牵涉到文化的兴衰问题。

民族强盛，它的文化得以推广、传播，它的审美标准成为公共的标准，所以在强弱不相当的情况之下，谈“文化世界性”是危险的，我们要特别提高警觉，因为它往往会成为文化侵略的幌子。

阮义忠：依目前的伦理观，衡量一个人是根据他的社会性格，这样看来，衡量一件艺术品的价值是否应以它的社会形态作标准？

李明明：我想这两件事不能相提并论，“社会形态”固然是支配艺术活动的因素，却不是衡量艺术的标准。

正如前面所说，不同的社会形态有不同的艺术表现方式，在封建社会制度下，艺术代表了某些特权阶层的思想感情，在西方中世纪时代，宗教势力深入每一个社会阶层，艺术便带有高度的宗教感情。每一个时代的艺术必定与当时的社会形态相呼应。但艺术不单是时代的镜子，假若艺术仅仅限于现实的投影，就失去了艺术创作的必要。艺术家总是走在“现实”的前面，总希望把“现实”领往“理想”方向。

阮义忠：艺术建立在社会情感上，那么画家要如何投入它？

李明明：法国一九六八年“五月革命”，学生罢课、工人罢工，几乎把戴高乐哄下台来。当时戴高乐临危不乱，提出了一个“全民参与”的口号，这“参与”两字的用意很广，用在公民身上，便是“国家兴亡，匹夫有责”。用在工人身上，便是“工厂兴衰，工人有责”。用在学生身上，便是“学校成败，学生有责”。换句话说，就是各阶层的人要在自己岗位上负责。

我想，我们也许可以借用这两个字作为艺术家投入社会的方法。

我们谈了许多画家对社会应有的态度，其实社会对画家又何尝没有它的义务与责任。

一个分工的社会是由形形色色各阶层的人在自己岗位上努力工作而造成的：卖菜的，种田的，教书的，从事行政工作的，各有各的一份责任，有他们的社会职别（statut social）；唯有画家或艺术家常给人一种模糊的感觉，好像总说不出他们是干吗的，又好像他们有点与众不同，生活在这个社会圈子以外。成千成万的画家、艺术家在努力工作，但不知道有千万分之几的人能靠他们的技艺养活，难道艺术家注定“忍穷饿以治艺事”？与其他职业相形之下，岂不是太不合理、太不平等了吗？

我常想这个问题，也许艺术家本身有一部分责任，但是社会的制度、政府的政策应当负大半责任。

首先，艺术品的交易制度是否健全？以法国为例，画商垄断市场，他们为了自己的利益，把认定将来会有市场的画家当明星来捧，造成把画家当作股票的风气，这种投机取利的心理是不是健康的？没有画商捧的画家生活就得不到保障，艺术家们便成了这种畸形制度下的牺牲品！

画家卖画，靠画吃饭，在某种意义上跟木匠靠做桌子、椅子吃饭应该是一样的，画的价格应当合理，使人能买得起。近几年来，有些欧洲画家往纽约跑，就是因为纽约比欧洲能容纳画家，画的价格卖得不高，但可以卖得出，让画家能维持起码的生活。也许有人会说：“这是因为美国人有钱呀！”但是最大的原因是美国的交易制度不完全与西欧相同，买画的人并不一定是在押赌注，也不一定在乎画家是不是“已经成名”！

此外，政府的文化政策是否也有检讨的必要？

除开社会主义国家不谈，在西欧的国家里，艺术家所得制度上的保障也是微乎其微的。就以法国为例，艺术家所能获得的失业金、退休金、疾病赔偿等，远比其他职业少，更不必谈其他积极性的辅助或鼓励了。法国算得上是一个社会福利办得不错的国家，对艺术家尚且如此，那么谈不上社会福利的国家，岂不是听任艺术家自生自灭了吗？

有一次，一位法国朋友与我谈起了荷兰有关艺术家的制度，据说，在荷兰只要是艺术系毕业的学生，都能够解决起码的生活问题，可以安心在本位上工作，因为政府是他们的长期主顾，定期收买作品，同时画家可以提出创作计划，政府一旦接受，艺术家便可以获得器材或经济支持。这个制度使我想起我国宋代的学院，当然也联想起画院制度的利弊。但是比起无制度而让艺术工作者自生自灭，也许还是值得参考的。

阮义忠：您在法国十年了，可不可以为我们谈谈法国艺术教育的发展情形和当前法国艺术教育的情形？

李明明：“艺术教育”一词所包括的范围是很广泛的。就横的一面来说，它包括了音乐、舞蹈、戏剧、建筑、造型艺术（绘画、雕刻）等。就纵的一面，自孩童入学一直到成长为艺术家，都在“艺术教育”讨论的范围之内。我以后有机会再把法国的艺术教育作一个全面性的介绍。目前我们把范围划小，大略谈谈法国高等教育里，造型艺术教育是怎么一回事吧！

其实，法国对造型艺术教育的措施几乎集中在“高等教育”（l’Enseignement Supérieur）这一层，而高等教育又集中在巴黎一地。

到一九六八年为止，法国有两个高等造型艺术学院（以下简称艺术学院），即国立高级艺术学院和高级装饰艺术学院。现分别简述于下：

（一）国立高级艺术学院（l'École Nationale Supérieure des Beaux-Arts），直承一六四八年由查尔斯·勒布伦（Charles Lebrun）所创办的皇家学院（l'Académie Royale），至今已有三百多年历史。内分两大部门，即建筑部门与造型艺术部门。前者是法国建筑师泰斗的摇篮，后者直到一九六八年为止是法国最高造型艺术学府。暂时撇开建筑部门不谈，造型艺术包括了素描、油画、壁画、嵌石画、雕塑、金属版画、石版画等科。每科有一个以上的画室，每个画室由一位教授主持，有助教辅佐。所教的内容、形式完全随教授而异。

学生入学必须经过作品审核与考试，考试内容包括石膏像素描、人体素描、塑像、彩绘、几何学常识及口试对答。入学以后的训练大半是术科，学科有限，诸如艺术史、文化史、透视学、色彩学、形态学、作品分析等，这类理论性课程常是几班学生一起上课。

外国学生经呈验作品，得到教授同意后，可以参加术科学习，称为“自由学生”（Etudiants Libres），不同于科班出身的“正式学生”（Etudiants Réguliers）。三年结业可得国家文凭一纸，经过会考，可取得教学资格。但大半学生都志在纯粹艺术，目的是在职业画家，不太重视文凭。

（二）国立高级装饰艺术学院（l'Ecole Nationale Supérieure des Arts Décoratifs），前身是路易十五时代（一七六六）由巴施里耶（J. J. Bachelier）创办的皇家绘画学院，它的宗旨是针对当时过分浪漫夸张的画风，主张将理性——数学、几何带进绘画。不久之后，改名为"国立工业艺术专门学校"，一直到一八七七年才正式定名为装饰艺术学院。

除了专科学校毕业学生免试以外，其余学生须经过入学考试，测验素描及构图能力。在前三年内，所有学生接受类似的一般性训练——素描、构图、模型塑造、解剖、透视、艺术史等。到了四年才分科专门化，专门科目有十六项之多：室内设计、壁画、窗画（vitrail）、纺织品图案、舞台设计、广告画、图案画、首饰及服装设计等。四年结业可获国家文凭。

除了以上两个艺院以外，我们还得提一提设在罗马的法兰西学院（l'Académie de France à Rome）。法国政府为了使在建筑、绘画、雕塑、版画、作曲五方面有优越的学生得以继续深造，每年选择二十名左右学生往罗马的法兰西学院进修三年零四个月，此一学院（自一八〇三年设在罗马的美第奇大厦 Vila Médici，已有二百年历史）其实是一个公立宿舍，既没有教授，也没有课程，是供学生吃、住、工作的地方，学生可以在意大利自由观摩旅行，每年定期自制作品发表展览。

一九六八年法国闹学潮之后，学制变动很大，原来包括法国八省在内的巴黎大学区（l'Académie de Paris），划分为十三个大学，每个大学由学生、教授及行政单位三方面联合自治。并在第一及第八大学创设了艺术系（l'U. E. R. des Arts Plastiques et des Sciences de l'Art）。现以第一大学艺术系为例，简略介绍于下：

巴黎第一大学艺术系与上面所介绍的艺术学院有两点区别：第一点是学校性质不同，前面介绍的是专科大学，行政上隶属文化部。后者是普通大学，向教育部负责。第二点是目的与方法的不同，前者以创作技能为目的，方法上以术科为主，学科为辅；又因其偏重技能训练，可以说是指向艺术专业化。后者是多元式教育（multidisciplinaire），学科与术科并重；它的宗旨固然也是在培养职业艺术家，但更直接指向通才的艺术工作——中等学校以上师资，艺术馆及文化馆的领导人才。

这个艺术系既然隶属普通大学，它颁发的文凭有 Licence（可比拟学士）和 Maîtrise（可比拟硕士）。因为到目前才四年历史，博士班还没有学生。当初设立此系的动机是针对高级艺术学院内"学徒"气氛及考古艺术学院（l'Institut d'Art et d'Archéologie）的"学究"气氛。它的宗旨既然是多元性的，教学的内容也就与前面介绍的艺术学院大有出入；下面列举三年主要课目：

第一年——每周三小时创作练习，自油画、版画、雕塑、图案设计中任选其一。此外，理论或半理论的课目有：

色彩，器材质感与空间关系的探求。

电影及环境艺术。

一九六〇年以后的艺术动态。

美学与艺术学（Science de l'Art）入门（包括人类学、社会学、心理学、图形学）。

艺术品分析：包括音乐分析、电影分析、欧普艺术分析、中国书法与书法分析、包豪斯（Bauhaus）技法分析、克利（P. Klée）之艺术理论实验、超现实及自动绘画技法实验。

第二年——一方面继续研究第一年所选择之创作练习，同时加强对不同艺术表现方式的认识及批判能力，在这方面的课目有：

艺术表现形式相互间的关系。

历史、现实生活相互间的关系。

色彩的理论与实验。

反艺术、变态心理者的艺术、幼童艺术与低能儿艺术。

二十世纪建筑；造型艺术与都市设计，园艺、建筑的一体性。

第三年——第三年课程最繁重，每周七小时的创作练习之外，具有实验性的课程有：

三度空间艺术的探求：雕塑艺术的表现形式与器材，摄影与装饰设计。

各时代与各地域之代表艺术：包括拜占庭艺术、中国之传统画与现代画、印度之建筑、一九四五年以来的法国艺术等。

艺术之民族性与社会性：其中有佛教艺术、印度喇嘛之宗教画、中国之民间艺术。

艺术与心理学；艺术与电脑。

艺术教学实习。

以上是巴黎第一大学艺术系三年课程大要，乍看之下，似乎嫌项目繁多，令人眼花，但这正是它的教学优点，学生能在一系列的课目下，对艺术作全面的认识，避免褊狭的、不健全的艺术观。

一般来说，法国高等教育的风气非常自由，自由到好像没有组织，教授们除了上课时间是见不到的（有时候上课还见不到，由助教代课），学生们有各自的上课时间、各自的上课地点，有时候课分散在好几个不同的地方，时间和精力都在路上消耗了，哪里还有余力去认识同学？十年前我做学生时就深以为苦，现在做老师，仍有同样的感觉。也许这是巴黎这大都市生活使然，也许是法国人传统的个人主义观念太强。总之，这种“学生孤立”、“教授孤立”不单是外国人不惯，就是法国人自己也常批评。

艺术教育本来是最不容易的，艺术家并不一定要进艺术学院，而艺术学院的毕业生也未必就能成为艺术家。巴黎有数不完的私人画室，代替了国家培养艺术家的工作。高级艺术学院早在上世纪末就有了“老态”，被排斥为“学院派”，但是竟然要等到一九六八年才有了新的艺术系来挽救法国艺术教育的颓势。可见一个传统“老大”之后是多么不容易改变。

至于新设的艺术系是否就能解决当前的教育问题，这还得走着瞧。法国的教育制度近几年来变化的幅度相当大。就以第一大学艺术系来说，今年进入第四个年头：第一年注册学生有三百余人，第二年七百，第三年已逾一千二百，法国教育部开始头痛了！哪里有这么多的师资、经费、地方来栽培这许多的艺术人才？没有足够的经费，没有足够的画室，没有足够的师资，毕业生出来没有出路……学生们又开始闹学潮了，所以教育制度还得要改……这便是法国高等造型艺术教育的现状。

阮义忠：您觉得台湾的艺术教育有无检讨的必要，要如何改进？

李明明：我对这个问题目前不能答复，我还没有对台湾艺术教育作一个全盘的研究，因此也谈不上有什么积极的建议。不过我每年看到成群的青年来巴黎学画，他们初来时个个满腔热情，无不抱着不可一世的雄心，我心里常觉得难过，也为他们着急。因为我知道一年半载以后，大多数会变得垂头丧气，灰心改行的大有人在，原因何在？

巴黎是个冷酷的大都市，物价昂贵，生存竞争激烈，畸形的画商制度对青年画家有害无益，成名的画家越来越发财，未成名的过着朝不保夕的日子，凡此种种对青年画家无异于当头一棒，没有心理准备，不早点把事情看清，是会被打击得爬不起来的。

所以，我想趁这个机会向去海外学画的青年学生说几句话：毕加索、夏加尔、马蒂斯都是属于上一个时代的人物，七十年代里不大可能再有“明星制度”；“一炮轰响巴黎”或者“向国际画坛进军”等，都是不健康的心理，对于一个诚恳画家的艺术生命有害无益。假若海外求学是为了充实自己、更加肯定自己，而不是丧失自己的话，那么出去后要多看、多听、多画、多想，尝试了解西方艺术为什么会发展到今天这种现象，这样也许会帮助我们早点找到自己的路子。

两个故乡，台南和巴黎

陈锦芳访问记

陈锦芳在巴黎已经待了十年，对这位民族情操如此浓厚、文化使命感如此强烈的中国画家，十年的他乡生涯实在是个重大的考验，考验着他的情感、他的思想、他的本质。生活的片片段段在在都验证着他和故乡之间的血统，试炼着他正在走的路子。而在这个考验当中，陈锦芳显出他自己的性格，他肯定了自己的根，回归到自己的泥土，他跨进了一个新境界。在一连串的摸索之后，陈锦芳回到他童年那片土生土长的民间艺术的经验底层，将这些唤回到生活层面来，用他的生命去冶炼、去创作，终于，陈锦芳有了他自己的面貌，那是他在接受考验之后的成果，他掌握到自己和他的艺术。

陈锦芳是位敏感的文人，也是一位敏感的画家，他一直被自己的思维煎熬着，所感觉到的、想到的、经验到的总是台南、巴黎这两个社会的冲击；东方、西方这两大文化汇融的漩涡。他不想只随着漩涡浮沉，他要找出来流的性质，探知这汇融所流注的方向。陈

初到巴黎的陈锦芳，1964 年。

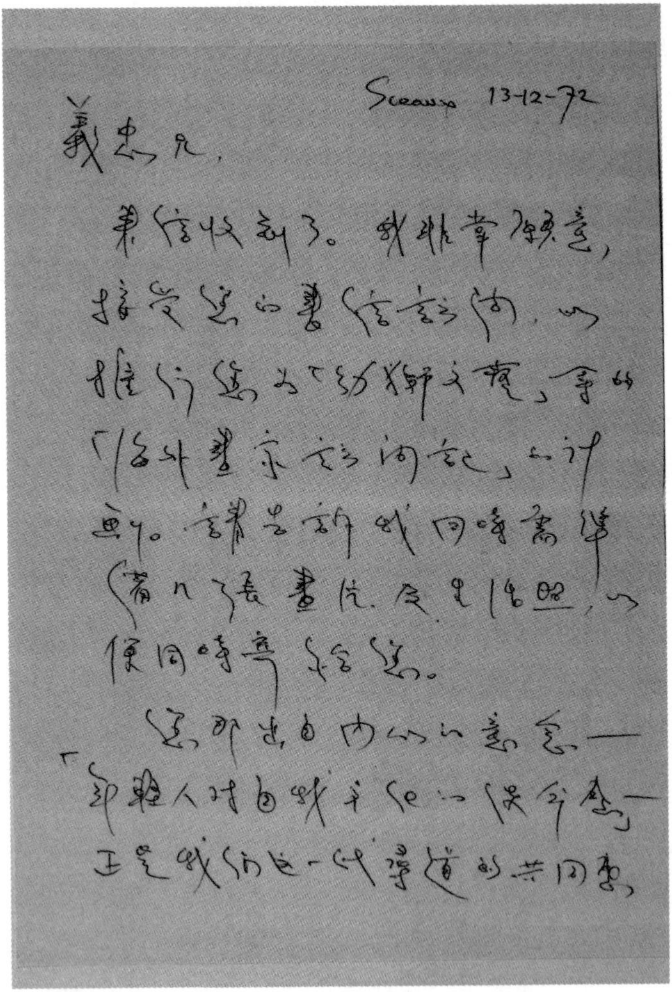

Sceaux 13-12-72

義忠兄，

來信收到了。我非常願意，接受您的書信訪問，以推行您為「紡聯文藝」寫的「海外畫家訪問記」的計劃。請告訴我何時需準備幾張畫片及生活照，以便同時寄給您。

您那出自內心的意念——「年輕人對自我的認識與追求」——正是我們這一代學畫的共同要

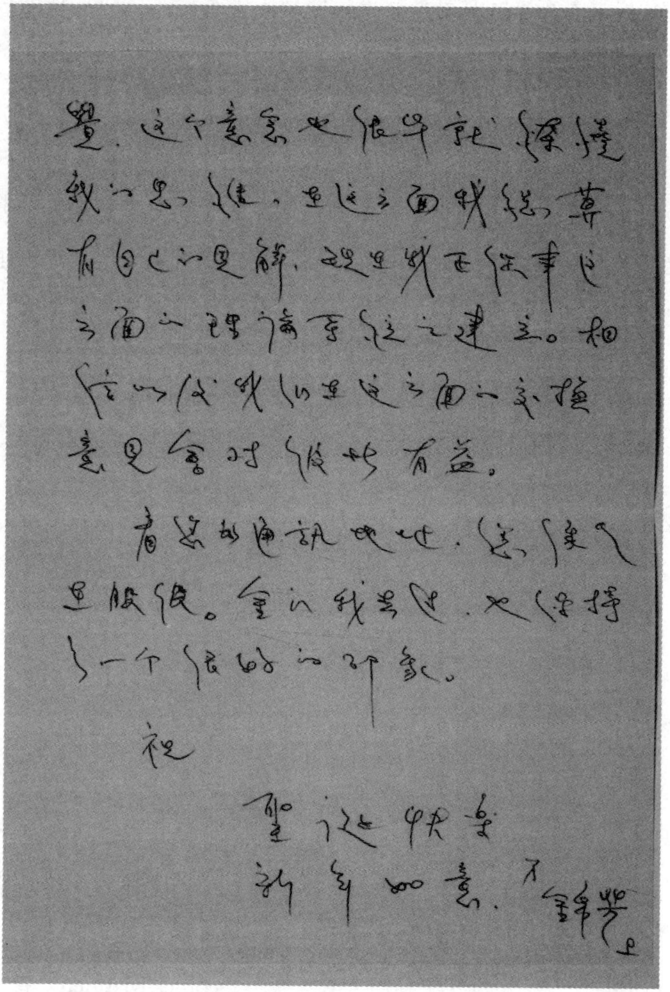
量。这个意念也很早就缠绕我们思维，在这方面我总算有自己的见解，就是我在作事这方面的理论系统之建立。相信以后我们在这方面的交换意见会对彼此有益。

看您的通讯地址，您住的是波士顿。全的我去过，也保持了一个很好的印象。

祝

圣诞快乐

新年如意。 陈锦芳 上

陈锦芳于 1972 年 12 月 13 日写给阮义忠的信，
表示非常愿意接受访问。

锦芳在巴黎艺术学院研习了六年，得到了艺术博士学位，他的博士论文正是他找到的水流。本篇笔谈录的前半部分正是这个论题的精华所在，由中国书法论及西洋当代绘画，从符号去谈文化基型，从文化基型去看艺术本质、社会形态以及民族背景的关系。这种新角度的讨论，或能给美术研究者作为参考。至于后半部，是陈锦芳个人艺术成长历程中所受到的考验，可以让我们对他有所认识。他是如此深爱他的故乡、民族、文化，是那么狂热而毫无选择地奔入他精神中的乡土里。不管是中期的“文字”符号，或近期的“生相”意念，为了自己的文化，他要付出一切。

阮义忠：我想先从您最近的事谈起好了。您近来的重要论文是以中国书法为主，而论及西洋抽象画的发生。这是一种什么性质的讨论？

陈锦芳：我论文的题目叫“中国书法与当代绘画”（la Calligraphie Chinoise et la Peinture Contemporaine），属于一般性的题目。“当代绘画”主要是以西洋为中心，即印象派以后发展下来目前成了世界艺术主流的绘画。而“当代绘画”中与中国书法无关的就不在我讨论的范围内。“当代绘画”中与中国书法有最密切关系的就是抽象画两大支派之一的“抒情抽象画”（L’Abstraction Lyrique——一九四五年乔治·马蒂厄［Georges Mathieu］首次用此语后一直被沿用下来）。另外的一大支是几何抽象画

(L'Abstraction Géométrique)。抽象画给西方艺术打开了新视觉，使人由放眼外在而审视内在。这是一种觉醒，也正是中国书法经过年年代代一直演化成熟的内涵。我所讨论的就是这之间的关系，换句话说，就是在当中找出新艺术促成未来文化觉醒的条件。

阮义忠：就请您提纲挈领地告诉我们，您对这问题所探讨的路线。先谈谈抽象的觉醒，你看怎么样？

陈锦芳：抽象画是二次大战后首先在西方画坛然后在世界各地蓬勃发展开来的画派。依照现代绘画史来说，一九一〇年康定斯基完成了第一张以水彩为表现工具的“抽象画”，但是那只可以说是第一张“有意识”完成的抽象画，或者是第一张“有意识”地被肯定为“抽象画”的作品。其实，在人类文化史上，可以归入抽象作品的，自古以来不但早已存在而且到处都有。

一般来说，“意识”是一种觉醒，这种觉醒带来一种视度，视度又带来一种价值给予。换句话，意识是一种新的价值观。而“抽象画”就是人“意识”到内在的精神活动，并且将所意识到的作无心或有意的表现。借此传达作者的精神状态，使观者产生共鸣甚至美感。但在这种觉醒之前，“抽象”的观念尚未被肯定，因此许多实质上可以划入“抽象”作品范畴的都未被注意到。而当康定斯基点破了这种新视度而挖掘出精神活动所潜在的力量后，“抽象”就在西方人的心灵上打开一片广袤开阔的世界。接着经康定斯基不遗余力地以理论上、美感经验上及创作上的肯定后，抽象的观念才真正为大家所认识。大家都能以新眼光来环视四周，在形形色色的事物当中看出那些抽象的精神。由此人们也在过去的历史中发现了所遗留下来的“抽象文化财”。其中，更以中国的书法为翘楚。

阮义忠： 对啦！这下我们步入正题了。抽象的觉醒影响了西方整个艺术的进展，而中国书法又是抽象财宝的翘楚。那么，西方人首次接触到中国书法时，通常是怎样的一种反应？是不是立刻使他们觉醒了抽象的意识？

陈锦芳： 随便拿一件中国书法作品给不懂中文的西方人看，他们的反应大致说来可归纳为三，但其惊叹则一。

第一种是想从“智”的把握入手，认定那是另外一种系统的符号文字。难懂，难懂，“C'est du chinois”，法文中“难懂”每每与“中国字”联想到一起。这种想去懂的求知态度用在学问方面诚然可取，但用在艺术方面，却构成了一种障碍，阻塞他们迈入审美的范畴，他们无法欣赏书法中本然的美，这种人昧于“意障”。

第二种人的反应是直截了当地说“这是抽象画!”之后，觉得好像判断下得太快了，将书法又端详了好久，犹豫地点点头。这类人的审美态度或有可取之处，但判断不一定正确，否则“凡中国书法皆抽象画了”。这种人昧于“断障”。

另外一种人根本就否定书法是一种艺术品，在他们的观念中文字符号就是文字符号，绘画是绘画，绘画画的应该是人、房子、树、云……即自然界的形象及日常生活中可以看到的事物，桌椅、静物等，至于点画构成的符号文字则不是艺术。这类人可以说停留在十九世纪的绘画观念里，无法跨入现代。这类人昧于“形障”。这三种人都无法打开心胸，让中国书法中的抽象内涵去打动他们的感觉，触发更有深度的审美精神活动。当然，觉醒工作总是由艺术家开头的，艺术家们向来是先天下而知而觉并唤醒大众的。

阮义忠：我们回头看看自己，是不是我们对自己的文字符号也有这种障碍的存在呢？

陈锦芳：“意障”、“断障”、“形障”也同样阻碍了东方人走进书法中的抽象内涵。其实按理说来，东方人应该比西方人更容易接近抽象画并登堂入室。东方人，尤其是中国人虽然晚近才从西方舶进“抽象”、“抽象画”的观念。其实，对抽象表现之神髓体会早有几千年的工夫。

自仓颉造字以来，点划组成的形象就以一种非自然形也非几何形的“抽象”形象在甲骨、钟鼎、镜、碑帖、简、纸、绢上面以象形、篆、楷、行、草各种形体传达一种表现美、一种抽象美，展现由点画结构而成的世界。不过它太接近人，成了日常生活的一部分，加之昧于“意障”，又往往被实用的态度削减了对符号本身美的欣赏和好奇。西方人的“意障”来自不懂中国文字，东方人的“意障”出自太懂中国文字。君不见书法展览里不欣赏作品的美而读诗猜字者比比皆是。一旦看懂了，则赞道：“好！好!”

阮义忠：既然东方人和西方人对书法都有这种“障碍”存在，那我们如何才能在书法中接触抽象的启示?

陈锦芳：我们先要把话说清楚，中国书法并不等于抽象画，把中国字当成抽象画是草率的态度。中国书法与抽象画有“两圆相交”之处，却不是“同心圆”。

抽象画与书法有相交相汇的点面，但不相混相溶。中国人说书法，日本人说书道，书法有法，书道有道，所谓法、道，均有一定的指导原则，范本、碑帖、体风（中国人说书体，日本人说书风）、技法等，并限定以文字为其表达媒介，何况几千年来堆起的灿烂宝藏都是沉重的包袱。这与讲究个人风貌、开放的、创新的、虽以点画构成但不限于文字的媒介、工具可以自由选择、目的不在“书法比赛”上得奖的抽象作品有很多不同的地方，并因人而异。我的论文从历史、理论、表现形式及派别等各方面分析其异同。抽象画虽已接近尾声，但尚未寿终正寝，其领域还在拓殖中。而我所作探讨的重点则在透过这种比较，观察东西文化大结合在艺术上的发展过程，从内在精神及外在样相，以书法与抽象画为抽象的比较研究。东西文化大结合产生世界文化是时代的必然，这是全球性文艺复兴的潮流。在这大结合中许多被忽视、被遗忘或尚局促一隅的文化得以重见天日，重新被认识及再造。中国书法与日本书道在二次大战后启发并丰富了现代绘画，在艺术上绽放了奇葩。

阮义忠：中国书法以象形为主，又有指事等另外五个形成的因素，它本身就是一种对物象造形的追求，其中又有丰富的象征意义。可以说是很完整的符号。从这个角度看，它和绘画的符号有何不同？

陈锦芳：中国文字的“六书”是象形、指事、形声、会意、转注、假借。其中与基本造形发生关系的是象形和指事。文字符号主要以实用为目的，即传达思想感情，形象美只是伴随而生的，它有时是如您所说的物象造形的追求，如象形；有时是象征，如指事、会意。

而关于绘画符号，让我们在此将它局限在抒情抽象画里，否则这问题就谈不到核心里去。如我刚才所说的，抽象画从它使用的媒介、工具及表现，往往可与东方的书法拉上关系。但绘画，尤其是现代绘画注重创新，开放又复创造，不一定要从东方文字、书法里取材或得到灵感。就像在日本有个团体叫“墨人”，他们创办了一份杂志叫“墨美”。这个团队以森田子龙为中心，评论家井岛勉为发言人，提倡采用汉文（时采用平假字、片假字）为创造的媒介来表现。他们努力于将文字的意义消化在形象里，然后在极度紧张忘我的心理状态下把胸中“逸气”或“闷气”宣泄出来。他们把那种“墨迹”拿来和抽象画并排，做得有声有色，并在西方许多大城市里巡回展览了好多次。他们这种结连禅道、书道与抽象陶醉的作品未尝不是一种有意义的创作尝试。不过有一点要注意的，虽然他们的作品有时候和欧美日本的抽象画同室展出，但他们宁愿固守在“书道”上面，它只是一种革新的强调独创、个性与时代性的“书道”。

除了这个团体外（也许在台湾或香港等地曾经有人尝试以中国文字为符号画抽象画），我就很少听到有哪一群人以汉文为绘画的符号而形成有力主流的。不过在西方反而有一些人直截了当拿文字及字母作画。在巴黎我认识一群年轻人，Lettriste，“文字派”，他们自由取用各种文字，如埃及的象形文字、梵文、汉字、阿拉伯字、字母、数目字及他们自创造的符号来填满画面。他们想来个革命，像超现实主义者当时一样，有宣言、示威，有电影、讨论。可惜“时不吾予”，巴黎已麻痹于这一套。

一般来讲，抽象画家各人都有自己的符号，而且大部分其来有自。现在精分为三种：

（一）来自具象的简化、抽象化。这是大部分西方画家走的路，如康定斯基、克利、马克·托比（Mark Tobey）、弗兰兹。克莱因、德·库宁（De Kooning）、施耐德（Schneider）等都有这个时期。

（二）在观念上肯定“无形之形”而以之为表现形式，依从“内在需要”作即兴的表现或刻意的经营。如苏拉吉（Soulages）、马蒂厄、亨利·米修（Henri Michaux）、卡波格罗西（Capogrossi）等。

（三）借用文字的暗示为构图的一部分，如早期的赵无极、日本的菅井汲（Kumi Sugai）等。

绘画的符号千变万化因人而异，而且是画家心灵的一种形式显现，它代表着画家的人生观、宇宙观和他本身的情感面貌、理智形态，它的结构就不像文字符号一般客观了。文字到底是公用的，它有共同的认定，有客观的存在性，它的律法是被共同遵守着的，这就别于绘画符号。

阮义忠：这种符号的关系是不是对文学和艺术的发展有决定性的作用？

陈锦芳：这个问题牵涉很广，也很适合提出来向从事文学创作的人发问。我认为符号是文化的产物，一旦产生后它会回过头来影响文化。人是可塑造的动物，符号塑造人，因此也塑造文化。至于决定性这个问题很耐人寻味。

东西方文化的差异，我所观察到的最显著的地方就是在符号这上面。汉字可以说是东方符号的根本，不管日本、韩国等都想摆脱对汉字的依赖性，却不得不饮水思源。汉字是示“形”的符号，是“视觉”的符号。西方所用的字母是标“音”的符号，是“听觉”符号，后者只要二十几个字母就可以拼出所需要的字；但示“形”的符号必须孳生众多始可表达复杂的思维情意。另外一点，西方的文字是字母的直线连缀，而方块的汉字则上下左右四方经营，这种不同与难易之处也影响了文化的生态。

示“形”的文字影响到文化艺术方面的是文字的学习与掌握，使东方人在“写”上度过了大部分的时间。“纸”上功夫，手指的灵巧成了东方文人的特征，尤其在以前用的是毛笔，参加会试又非写得一手好字不可，于是中华文化成了“文字”文化，诗词、题字、标语无不以“书”行之。试着“书画同源”，书摆在画前成了画的基础。要达到谢赫的“六法”，则“永字八法”非先学会不可，书法本身成了一种艺术；反观西方的标“音”符号，很少至美的领域。二十几个字母，容易学容易驾驭，他们很少在练字上面花工夫，他们的手用在别的方面，如制造枪炮、机械。他们的艺术不是起于画，更不是起于书，而是起于雕刻，立体的具象的把握，如希腊雕像。自从文艺复兴后他们平面上的绘画也借“透视”与“光暗”显示立体及空间。这只不过是抽样的比样，但已经可以看出两者之间显然不同的地方。我认为西方文化本质上是三度空间的立体文化，而东方文化则是两度的平面文化；西方文化是直线文化，东方文化是曲线文化；东方文化尚德，西方文化尚力。

阮义忠：一般来说，艺术的风格反映了人和文化结合的态度，那么作为一位艺术家应具何等的艺术人格，才能发挥其艺术风格，进而达到他个人的文化性格？也就是他个人的人格和作品的风格都要如何走向文化的使命中？

陈锦芳：您这个问题很有趣也很重要。我觉得艺术家是文化的先知，他不但丰富了文化而且改造了文化。文化是活的，随时代而变，而时代随人而变。艺术家自觉或不自觉地再造文化，改造世界。毕加索是一个例子。他一生活了三万多个日子，产生了两万多件作品；他丰富了世界，世界使他富有，他改造了文化，文化使他不朽，他改变了艺术，艺术使他名满天下。但他是个幸福的例子，不少有大贡献的艺术家却穷苦潦倒一生。不过当毕加索推出《亚威农少女》时他无异于向文化宣战，向世界宣战。旧的世界总是在新的观念面前恼羞成怒，因为人有惰性，需要安全感，新的观念与形式总是旧观念形式的威胁。毕加索之无敌在于他整生七十多年的艺术生涯中不断地推陈出新并作系列的拓殖。艺术家是文化的先知，他追求的是将来，他的任务是创造，他与文化结合的态度不该是墨守成规，人云亦云，旧观念形式的再现。所以在艺术史上留名的艺术家都有他开辟出来的新天地。他是探险家，相信旧大陆之外还有新大陆，所以他的艺术人格有异于道德范畴内所谓的人格，这种艺术人格与道德人格的混淆常是判断的障碍。

可惜这种绊脚石最多的地带却存在于中国传统的艺术观里。这种观念往往以道德人格决定艺术人格，好像只有正人君子才能产生神品、逸品、佳作，反之即使是作品再好，也不过是野狐禅。毕加索的许多作品以这种尺度来衡量，会得到“不道德”的结论，而他的生活也会大受诟病。这种褊狭的观念首先要挪开才能谈到艺术人格。当然，很多艺术家如米开朗琪罗等，不但在艺术上光芒四射，而且在道德、修身做人方面也几乎达到圣人的境地，这是值得赞许效法的，但道德人格决定艺术人格之必然的观念却不可不革除。

艺术人格应该决定于艺术家对文化的态度。艺术家对文化主要的贡献在创造，没有创造谈不上艺术。但创新不一定要标新立异，鄙弃旧题材形式。创造的路途极广，但精神则一。一味炒冷饭，固步自封，一成不变，即使再圣贤贵望，都谈不上艺术人格，遑论艺术风格了。所以由创造来看艺术人格，由创造作品的一系列显著特征来看艺术风格，进而达到您所说的个人或时代的文化性格。

阮义忠：那么，艺术的价值是否就决定在文化使命感和文化贡献上？

陈锦芳：艺术是一种考验，一种使命，没有使命感的，经不起考验的，都迟早要半途而废或是以此当糊口的职业。真正的艺术家是文化的先知，先知常受迫害，因为他走在时代的前面，他心中有的是历史与人类、文化及真理，而不是名也不是利。伴随艺术而来的名利可以受之无愧，但为名利而艺术，结果一定是徒劳无功。先知有冒险家的勇气，殉道者的精神，只有具备这种艺术人格的，才能在人类文化上放射出光彩。历史是一条大河流，浪淘尽虚名假货，艺术的可贵在真。所以我愿意肯定您的话，艺术的价值就决定在文化使命感和文化贡献上。

阮义忠：谈过了艺术对创作者的考验之后，该把话题转向您了。您个人的情感、思想在巴黎、台南这两个环境之下，接受过什么考验？有没存在着什么症结，使您困扰、磨折、鞭笞，使您感到背叛了自己的土地？

陈锦芳：您大概是用台南和巴黎来代表东方及西方吧！不错，台南和巴黎是两个具体而微的东西文化的代表之一，扩大一点来说是中国及法国。

我自觉有两个故乡，台南和巴黎，这不是我来到巴黎后才感到的，不管我在哪个地方我都害着严重的思乡病。当我在台南时我的血液与塞纳河共流，当我来到巴黎后台南的凤凰木常盛开在我的梦中。这是无可奈何的事，就像我们正处在东西两大文化冲击的漩涡里是无可奈何的事。您说背叛了自己的土地，换句话说，背叛了自己的故乡，自己的传统，自己的文化。您以土地来代表自己的文化传统，是吧？因为我自觉有两个故乡，也就是说努力着从

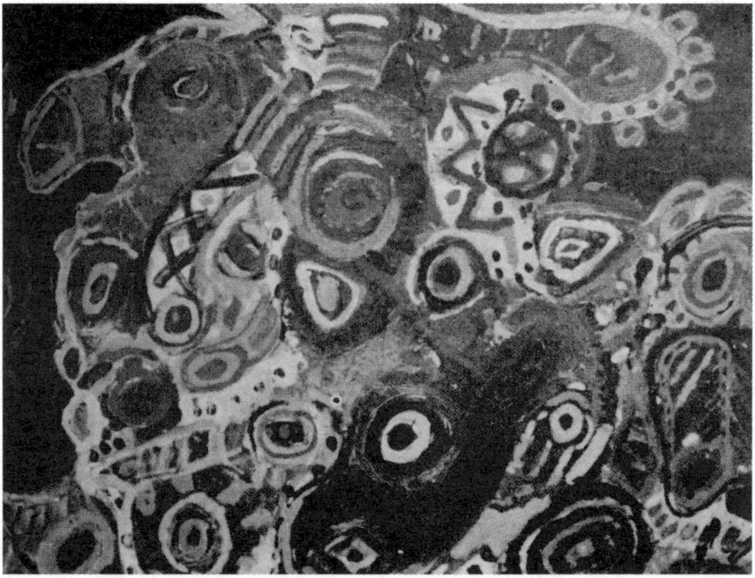

陈锦芳画作《东方之宝藏》，约 1970 年。

陈锦芳 1972 年的水彩作品。

思想上、情感上及创作上来融合东西这两大文化。心理学上有“人格分裂”的名词，我想，我，以及我们这一代的文化人所犯的最大病症就是这“文化的人格分裂症”吧！

在痛苦中我常想，为什么我不能单纯一点，只有一个故乡，一种文化就好，只在一个完整的文化环境里生长而与别系文化老死不相往来。我向往高山森林里或海洋孤岛上原始部落的居民，他们不受现代文明的污染骚扰，自由自在地在自己的土地、自己的信仰、自己的社会中过一生。那种人格完整又纯朴的生活令人羡慕。可是这种地方不多，这种时代也过去了。就像回到过去是不可能一样，受过现代文明洗礼的人要回归原始，谈何容易。隐者固可悠然见南山，但现代文明这凶手是不留情的，他马上找上门来。回到“过去”解决不了问题，那是逆水行舟，倒转历史的巨轮；那么“现在”呢？“黄河之水天上来”，随波逐流，灭顶的危险极大！则何不展望“将来”，学夏禹治水，让怒吼的文化急流奔向“世界文化”的大海！

出生在东方的我来到西方文化大十字路口的巴黎，一下子被卷入这种尚不知其所以然的漩涡中。但也许我不以能浮游为满足，我还要知道水性和水流的方向。我努力将台南和巴黎之间的冲突结合为一，到了巴黎后我就在创作上寻求这个途径，而我的作品也随着我这种“文化的精神分裂症”的自疗经过而分期。

阮义忠：请问您作品所谓的分期是如何分法？

陈锦芳：我到巴黎后的作品可分为三期：

第一个时期是一九六四至一九六八年，我在巴黎艺术学院做自由生时候的作品，以人物及风景为主。当时我一方面在巴黎大学攻法国现代文学，有空就去逛书廊看展览写感评。当时抱着先认识认识的态度，因此画风是我在台湾风格的延续，受后期印象派、野兽派及毕加索的影响很大，在异国题材与情调中强调东方的色感及笔触。我在台湾已打好了素描基础，所以一来就能得心应手。

第二个时期可以说是过渡时期，也是难产与发现的时期，是从一九六八到我论文交出的一九七〇年为止。这时期是混乱、苦闷、心慌，同时是回归、整合与发现的快乐。当时我已意识到应该建立自己的风格，但谈何容易。我先从思想上下工夫。当然波普、欧普、冷艺、硬边、新视觉、文字派、禅派、卡通派、嬉皮花脸派……五花八门，配合了一九六八年的学生运动，真是无政府主义的高潮。我的画也三日一小变，五日一大变，但变不出新花样来。难产、混乱与失望。我乃开始注册写论文。论文资料的搜集使我在一段时期里沉浸于甲骨、钟鼎、碑拓、墨迹……所谓“书道”美里，它刺激了我的创作。我当时的作品是取文字符号的结构暗示及笔意去自由组合，敷彩、水冲、重叠、剪涂……在短期间内完成了一百多张作品，名之曰“水墨彩版画”（虽有版画效果，但不能复印，故取掉“版”字，为“水墨彩画”）。

第三个时期是从一九七一年开始，我从美国旅行参观回法国之后，当时思想上的障碍已一扫而空，我知道我该选择什么路子——故乡民间艺术的现代化与世界化。我是看羊赶鹅出身的，乡村榕荫下庙壁彩瓷上的封神榜，谢神的子弟以及布袋戏都是我艺术的第一课。它不是舶来品，是土生土长的，但背后却隐藏着整个东方古文明的珍奇怪异与思想感情。它是一大艺术矿藏，我的童年就在那里，我艺术的根就扎在那里。这一时期的作品就是从这里出发的，由我自己的根出发，是个起点，但不是终点。此时的作品每幅都有自己的生命，我让它自由生长舒展，容纳新的外来形式与内容。在创作时我尽量让潜意识引导，胸无成竹，随画面上所显现的形象去发现去完成，这种过程是半自动的。于是，我有一连串熟悉又陌生，可名又不可名，非神非人非兽，又神又人又兽的新“生相”升自画面。它打破了时空的界限，贯串意识与潜意识层，衔接文明与野蛮，作中外古今游，期能展现一方艺术的新伊甸园。

阮义忠：我个人特别喜欢您此时期的“十二生相”，您说是由潜意识引导着自己去画，但这“生相”的意念是如何成熟的，是不是和您的人生观有关？您在处理这意念时，所经验到的是什么？

陈锦芳：在我画中的“十二生相”只是一种象征而已，因为这名称是作品完成后加上去的，不是先有明确的意念再下笔的，事先并没有打腹稿，而且在作画的过程中原来的意形也或多或少地改变了。我自第二时期开始，作画时只有欲望，胸中并无成竹。有创造的欲望就开始画，在画的过程中去发现，去寻找，去修改，去改变，最后当一人形象或主题比较突出时，我就去完成它，画本身有生命，它自己生长，我帮它完成。

当时回归到故乡的民艺，融合了西方，也丰富了东方。这种涵义深广的回归综合了东西方思想、观念、信仰、形式：东方神人兽一体，天地人合一的看法，佛、禅、轮回、阴阳的观念，因果报应的道德观，西方神人机械三位一体的立体文化，数与量的关系，现代化的趣味，尝试实验的态度，颜料、工具的时代性，各系民艺的形色象征等，我都即兴地依照创作当时的内在需要而任它融于创作中。这不是硬性规定或理论性的实验。自由乃创作之母。这个回归是我的根在召唤着我，至于您说的是否用来指涉命运，我自己也不知道。

现在回头看我当时完成的那套命名为“十二生相”连作中隐约可认出的动物以牛为最多，其他有鼠、虎、马、羊、猴、鸡、猪，其他动物很少，尤其蛇和龙没出现过。这也许是有趣的心理分析题材吧！

阮义忠：从您早年的那本《少男日记》可以看出，爱情一直引导您。您的创作如何受到爱情的培育？

陈锦芳：《少男日记》是我少年时代感情生活的记录，充满了爱情的渴望、喜悦与烦恼。它记录了我爱情的挫折、得爱的忘我、失恋的痛苦。可以说，那时候我的爱情大部分是自给的，是给予的多而得到的少。即使现在，也是一样，一直如此。但那本日记也同时记载了我对艺术的热爱与感情的升华。许多爱情上的痛苦都升华为我创作的冲动，在艺术里得到慰藉。有时候我反而觉得痛苦才是艺术的营养，男女间成功的爱情本身或许因为已经是最高的艺术，并不需要升华，不需要什么去弥补了。不少艺术家因为进入幸福的家庭生活而失去了创造的冲力与作品的感动性。我虽然反对这种宿命色彩的说法，但历史上许多伟大的艺术家往往是最孤独的，在现实人生中最得不到爱，如贝多芬，凡·高，戈雅，歌德；不少思想家、宗教家也是一样，苏格拉底据说是惧内的，耶稣如果把他看作人，他也没有恋爱过。尼采、康德等得不到家庭的温暖，许多大诗人、大文豪也经常是情场上的败将。这些伟大的心灵充满了爱情与智慧，爱心与才华，却得不到一般普通人可以享受到的爱情而孤独地在"爱别人"与"自怜"中过一生，在艺术创作中寻找慰藉。也许男女间幸福的爱情是艺术创作的坟墓吧！

我一直被爱所痛苦着，痛苦引导着我。爱以痛苦引导我走入艺术里，唯有创作我才能重新走向永恒的爱里。

阮义忠：最后我再请教您一个问题，您有没有想到以后要怎么画下去？

陈锦芳：您的问题似乎是问我今后会不会抛下画笔？会觉得无物可画？老实说，我每天最大的痛苦就是找不出时间画画，而画画的欲望那么强，迫得我好苦。因为我不将画画当作职业，它不是我的饭碗，我不靠画吃饭。刚来巴黎时曾想过，但放弃了，为了真正的艺术我放弃把画画当作职业的想法。我不相信如果我把画当作饭碗我会饿死，相反地，还自信可以有相当不错的收入，即使在巴黎。但我就是恨这样做，这是杀艺术。我宁愿去当跑堂赚钱画画，不要当职业画家而到中国餐馆请画商吃饭。

我不靠画维生，我就不得不另找可以维持起码物质生活的工作，不太占我时间精力，人事关系单纯的工作，而将其他的时间精力完全放在创作方面。创作，不仅是画画而已，思想方面、文学方面我都希望齐头并进。

我去过美国，那里的生意气息把我吓坏了。我的一位画友说，这里的画家一拿起画笔，美金的影子就浮现了，那是真正艺术创作的最大敌人。台湾的画界是不是多少受这种风气污染，您比我更清楚。争着出名，入社加会，同一张版画四面八方投展，增加画历，为了出名，为了卖画，为了饭碗，这种风气真不知扼杀了多少天才！

诚然我们时代太工商化了，太势利了，为了生活许多画家不得不自贱，尤其政客又常和工商勾结；如果艺术家不能像洪通那样淡泊明志，不是作贱自己就只好去当艺术政客，这真是我们这时代的悲剧。

我这些话只不过来回答您所问的，对我则并不构成问题。老实说，十年来我在巴黎，平均每年最多只有三个月的时间让我画画，兴到之时常常在短期间内完成一套作品。看、想、读、写、说、探讨；文学、哲学、音乐、文化史各方面都分占了我，我的画总要在里面酝酿到一定程度，直到不得不出来时才出来。

总之，我从没想过今后怎么画下去，我只想如何争取更多的时间来画画。争取更多的时间燃烧自己，付出自己，给爱，给艺术，给文化。

附　录

中国的画家*

蒋 彝

在我的讲题中，所谓的“中国的”一词乃指画家的出生地及其作品中所表现的特质而言。我愿意再说明一点，就是“中国的”一词在今天的意义已经与五十年、一百年前不尽相同了。当时，一位中国的画家就是一位道地道地的中国画家，在基本上与其他国家的画家是迥然不同的。不过，现在我们所说的今天的中国画家意思是指一位画家，在本质上是“中国的”，但其创作的表现并不全然如此。他不是遗世而独立，其实他也不应该如此。因为在整个世界文化的演变进程中，他也是其中的一分子。

爱因斯坦发现时间为第四度空间以后，改变了宇宙以及人间事项的每一层面。其实，时间一直是影响人类生活的一大因素。经爱

---

* 蒋彝先生一九五五年六月十一日于哈佛大学优秀毕业生荣誉学会的演讲词。

因斯坦一提，才引起我们普遍的注意罢了。自此以后，我们对事物的观照无不考虑到时间的因素。甚至我今天能站在各位面前也是与时间的因素有关。假如我出生在一百年前，相信不可能应邀来此演讲。即令这种不可能的事成为可能而发生的话，而在座的各位耐心地让我尽情地畅所欲言，恐怕一百年前的听众一定为之头晕脑涨，抱怨我胡扯一通，不知所云了。虽然在今天，人与人之间的先入为主与一些错误的观念依然存在，但彼此可以自由地交换意见，进而获致相互的了解。本来，相互了解一直是我们致力追求的目标。是故，我也希望我的这次演讲《中国的画家》也被认为是一种文化交流的工作表现——亦即通向人们相互了解的一次努力。

从表面上来看，我的目标与当年爱默生著名的演讲词《美国学者》的目标恰好相反。爱默生希望美国的学者成为美国的“本体与灵魂”。从那时以后，这篇演讲词便被誉为“美国知识分子的独立宣言”。他呼吁美国的学者应当享有欧洲学者久已享有的那种令誉。其实，爱默生所呼吁的只不过是希望在所谓“西方文明”的领域中，承认美国是一个独立的文化而已。自爱默生时代以后，文化与文明历经汇流而且融合。而今天我们所面临的问题不只是“独立”，而是如何去达到了解。

有人建议我以“中国学者”为题，因为就今天的场合来说，这个题目最为贴切。但经过慎重的考虑以后，我毅然选择了“中国的画家”这个题目。

“士”这个字在中国的典籍中，尚没有一个确切的界说。其原意本来就相当含混，虽然久经袭用，但予人的观念依然是暧昧的。

中国文字与语言有着显著的差异性。自古以来，中国文字的结构始终就是读书人的一大难题，迄今依然如此。因此，中国的读书人在从前便占尽了便宜。他们十年寒窗，读的是四书五经；他们的写作亦以四书五经为其范畴。结果，这种人便被称为“儒士”，这对“士”字简直是一种大不敬。因为孔子在当年为“士”所制定的标准极为崇高。他谆谆教诲，士应是一位君子，一位学识渊博而操持高洁的人。其一言一行，无不发乎仁，止乎礼。后来，读书人虽然都能精通四书五经，立志为君子之士，但两千多年来，能达到此一崇高标准的读书人又有几人呢！

我个人认为，在从前真正有资格被称誉为君子或“士”者，应当是那些诗人与画家。因为我们可以从他们的作品中找到儒家的精义。说实在的，诗歌与绘画才不愧为中国文化的奇葩。中国文化经由诗与画方才远播而广被，引发世界其他国家的好奇，进而引起他们由衷的羡慕、敬佩和锲而不舍的钻研。

诚然，如欲了解中国诗，必须对中国语文先具备相当程度的知识。正因为中国文字具有音色与单一音节的特性，致使后来的诗人无法在诗意上开创新境界。故对外国人士而言，更是一种无法克服的大障碍。

可是，绘画在这方面便显得幸运多了。绘画是一种超越国界的艺术。眼睛不像舌头有那么多的障碍。中国画的一些伟大作品曾经把中国的文化传扬到西方的国家。

正因为这个原因，我才选择“中国的画家”来作为今日的话题。诚然，我的演讲若与当年爱默生的著名演说相比，不啻是小巫见大巫，而且微不足道。但是，我的一生却与爱默生的生平有若干巧合之处。爱默生诞生于一八〇三年，而我出生在一九〇三年。爱默生于一八三三年登临英国，而我是在一九三三年初莅伦敦。此后，我们二人便分道扬镳，各奔前程。爱默生在英国没有待好久，他并不需要学习另一种新的语言，而他在英国所看到的全都是在美国所习见的事物，但他体会到美国的写作之所以不受英国学者的重视，乃因为他们使用相同的文字，而且缺少一种特殊的风格。于是在返国以后，他便呼吁美国学者追求其卓然不群的特质。可是，我在英国一待便是二十多年，其间仅偶尔访问过美国及其他国家而已。但我却怀有一颗求知若渴的心，曾经对英国语文下过一番功夫。我像是置身于一个完全新奇的国度，一切事物对我都是新鲜的。我愈学而愈奋，愈学而愈勤。我曾经不止一次彷徨在十字街头，而不知何适何从。渐渐地，我对事物有了较为清晰的观察，从而发现我自己开始变成为一个现代人（modern man）。但我始终认为，现代人应该是文化交流的一种产物。就本质而言，我始终还是中国的“本体与灵魂”。但经过二十多年的留在英国以及和其他国家的经常接触，使我对西方的文化获致相当的了解。我发现我个人到处受到欢迎，已不再是惹人注目的外邦人，而成为他们中间的有贡献的一位伙伴。这都是时间导致了这种转变。人们不再以奇特的眼光对待别人也不过是最近几年来的事。所以，我对后生爱默生一百年一事，深感幸运。我曾经对西方的文明与现代艺术下过一番功夫，虽然我所知道的依然极其有限。我个人认为中国的绘画在世界文化演变的进程中，自有其重要的地位。而今天，我所讲述的主题就是旨在考虑中国绘画艺术融合未来的世界艺术之可能性，以及“中国的”一词仅属于代表一位画家的出生地之可能性。

我刚才说过，从前的中国画家是一位真正的学者。从前的绘画大师们不仅精通四书五经，并能娴习其他的哲学思想，特别是道家的思想与佛家的禅理。我认为中国艺术的发展和西方的艺术史是一样的。从第三世纪时期的汉代坟墓浮雕与漆器来看，绘画曾是一种阐扬儒教的工具。然自四世纪的魏代以迄十世纪的唐代末年，雕塑与绘画显示出中国艺术用于对佛教的膜拜。其间，虽有不少的优异画家曾经摆脱对道德与宗教的责任，但是到了宋代，绘画方才成为一种独立的艺术形式，而以飞禽、花卉、虫鱼、山水以及其他自然界的景物为其绘画的题材。这种以自然为题材的绘画并非发轫于对自然界的科学研究，乃导源于中国自然派的诗与散文。自此以后，伟大不朽的中国绘画常是哲理、诗歌、书法以及运用画家个人工具的综合产物。职是之故，从前的中国画家不只是画家而已，他必然是一位学者、思想家、诗人与书法家的综合化身。

作为一位思想家，（亦即爱默生所说“学者”的必备条件），中国画家旨在寻求心灵与其所绘景物的融合。根据中国的哲学思想，特别是道家的思想，认为一个人有两个自我：“大我”（灵）与“小我”（体）。“小我”庸庸碌碌、不可终日，因而造成自私、偏见与误解。“大我”优游涵泳，不受逻辑、伦理或任何人为规范的约束，全然生活于物我相悦、纯一和谐的境界。一个人能臻此境界，才能成为一位心灵羽化的真人（true man）。从前的中国画家无不在致力追求“大我”的羽化，进而窥探自然界的“生命奥义”。于是，万物与我混同而合一。在中国画家的眼光中，自然界的一草一木，都有情思。然而西方艺术旨在表现“人”（man），与中国绘画截然不同。中国绘画并不在表现“人”。宋代的绘画大师常以心灵观物，自由挥洒而淋漓尽致，总希望达到一种物我相融的空灵境界。是故，中国画家的艺术所表现的是涵容、无私、无我、无时间性而且历久常新。他们希望物我两相宜，对外国人亦复如此。所以说中国画之有宇宙性，其原因即在此。在中国画中绝少有表现人间的痛苦、悲愁或者一些抽象的观念。他们常以日常生活中习见的事物为其题材。

山水画在中国的绘画中最受重视。人物与人的活动也都包容在广大自然的画面之中，故精神的表现在其整体而非部分。而中国的山水画最能表现出中国画家的天人合一的哲学思想，其伟大处在能于超绝的宁静中显现出艺术家心灵的丰实活动。画家有了高超的心灵，才能使他的画不朽、超越种族的界限、放诸四海而皆准。宋代的许多绘画大师都是伟大的思想家。

从前的中国画家通常是一位诗人。画家常欲传达一种情趣、一种自然界蕴存的诗意。中国诗飘逸洒脱，对具体而肯定常有不言传之妙。中国画亦复如此。中国诗与画乃在于对自然的感受或对自然界万物相悦生活的一种情感升华。其表现朴实而无华，绝少夸张。而诗人对自然亲切之情亦不过分强调。中国诗人写出这种情趣，而画家则绘出这种情趣。宋代以后，中国的画家从不曾专注于平面、颜料、立体、光线的效果，或颜色对形式的影响，以及其他有关的问题，而只求表达自然界的那种诗意，画家常试图在诗的情趣中捕捉大自然的形式。他以目视心观，挥洒自如，将想象中的景色淋漓尽致地表现在纸上或丝绸上，一如诗人之挥笔成诗一样。不仅如此，画家经常在其画幅题字或题诗，中国人有句话说“诗中有画，画中有诗”，其意即在此。

从前的中国画家往往也是一位书法家。因为在中国，书与画自来是辉映成趣、相得益彰的。最早的中国文字便是一种图画，而近代的中国画也是思想的书面形式。事实上，中国的绘画系发轫于中国古代的草体行书，而后来草书便发展成为今天的中国书法。中国书法之美乃在其笔飞墨舞之妙，并不在其形式。中国的书法是以毛笔为其工具，而中国的绘画也是以毛笔为工具的。中国画家和中国书法家都使用同样的毛笔、水墨、纸或丝绫等工具。是故，运笔的功夫在中国艺术批评家的眼中，最为重要。艺术家对毛笔运用的娴熟、运笔的力与势、和谐、每一线条的匀称皆足以影响其艺术的成就。运用的功夫不只是一种技巧，而应是各种因素综合的和谐表现，诸如风韵、学识、心智的自律以及敏锐的判断力等，实在不胜枚举。

中国的绘画自宋代大师以后，画家始终期望自己成为一位高格调的人，成为不仅能自律其心灵而且也能自律其手的人。我们经常听到中国的艺术批评家说，一位画家如想成名，他必须“行万里路、读万卷书”。他必须博览群书，涉猎国内的伟大著作。大自然指导画家用眼观察形式，用心来感受。中国的哲学思想促使画家睥睨人间所蝇逐的名利，而从自然界的景物中捕寻统治着万物的灵气。画家为了培养与丰实其心智，而在万物的外貌中找到无穷的意义。大自然亦随着画家的心智而日益丰美。所以我们在留存到今天的不朽的中国画中，可以体悟出一种温柔、和谐、满足、宁静的感受。这种感受只有在画家排除纷扰的情绪之后，才能获致。一种宁静而均衡的心智活动实为中国创造性想象力的先决条件。

然而今天的中国画家，虽然也接受过传统的训练，亦遵循传统的表现方法，但已经暂时丧失了其宁静与匀称的心境。这种现象是可以理解的。在近几百年来，中国文化遭遇到其他文化的直接冲击。到今天，犹在自我调节的阶段。西方文化与中国文化的第一次冲击相当猛烈，演变成为许多的错误观念，甚至享有悠久文化传统的中国人亦开始对其优美的传统发生错觉。我们固有的思想，特别是儒家的思想，在根本上发生了动摇。但尚未有其他东西可以取而代之，

“小我”因而得势。致使当代的中国画家不仅对其心智的灵视发生困扰，尤其对手的自律感到迷惘。可是，前代的画家只见过中国的艺术，亦只晓得用传统的方法来表达其思想与观念。在十七、十八世纪，耶稣教的传教士将宗教的艺术如雕像和印刷品等传来中国，曾掀起相当的波动。主要是因为那种新奇的三度空间技巧，加之物体酷似、透视法、明暗对照，以及色调的运用。不过，耶稣教画家的影响并未超出宫廷，因为许多的耶稣教画家都被册封为宫廷画家，但由于许多原因，却很少有人去模仿。他们的作品虽以不同的技巧见胜，但并无害于中国绘画的美学理论。说实在的，这些欧洲的画家深受中国的影响，而他们对中国的影响却极为微小。尽管如此，这批耶稣教画家虽有其卓异的表现，但并不足以代表西方的艺术。

二十世纪初，中国学生开始负笈重洋，吸取现代的新知识，主要是科学方面的知识。后来，才有年轻的中国学生到达巴黎及其他大城专攻西方的艺术。不久，他们便自诩为“现代”的中国画家，而扬言与中国的传统艺术一刀两断。回国后，他们便哗众取宠，诋毁宋代大师及中国的传统绘画，指责他们的作品缺少透视与明暗对照的效果。诚然，纵使他们有辨赏的能力，但也没钱将西方艺术的样品带回到中国。于是，他们只从巴黎带回来一些粗制滥造而且便宜的雕刻及复制品。便将这些东西和他们的油画、铅笔画与炭画一起陈列展览，这种展览在中国的确是一种新玩意，他们在当时确曾惹起一阵子的骚动。他们强调研究裸体的重要性，立刻便掀起卫道者的强烈反对。而一位画家甫从巴黎归国，筹备在上海创办一所艺术学校，亦因招雇模特儿而被捕。可是，一群力争上游的艺术家却大力支持这种新观念。在西方，像杜米埃（Daumier）、德拉克罗瓦（Delacraix）、马奈（Manet）等不再追求物体的“酷似”的可能性。他们的这种论调适足以增加当时中国人的迷惘。后来，又有不少思想稳实的中国文人和画家相继到达西方，而对印象派（Impressionists）及后期印象派（Post-Impressionists）经过长时期的研究后，他们体悟到西方的艺术（包括绘画）实与他们本国的艺术有共通性；虽然印象派使用颜色，而中国只以单色为其主要工具。可是，他们对西方艺术的分门别类、五花八门的派别，如哥特式、罗马式、表现主义、立体主义和超现实主义等，始终感到迷惑不解。中国的绘画艺术从来没有派别，虽然有所谓“北派”与“南派”之说，但其对艺术的处理方法毫无差异。

因为中国有优美的书法传统，故对西方艺术中线条的抽象美与形式的精巧并不感到有什么稀罕。倒是超现实主义及当代的其他现代艺术派别尚有一些新的表现。布雷东（Andre Breton）对超现实主义下一个定义：“任由思想的指使，所有理智、美学或道德观念一概不予理会。”有些西方的画家侈言“自动创作”，意指在一种神智恍惚的状态下创作绘画，借潜意识而任意挥毫。这种理论不仅使当代的中国画家迷惑而且迷失了自己，但仍有一些人故意加入此一运动。在几十年前，透视与明暗对照法曾对传统的中国绘画形成一种直接的挑战，而现代的西方艺术过于强调潜意识的心智活动，亦睥睨中国的艺术观念。

爱因斯坦发现时间为第四空间后，改变了对宇宙的观照。而另一位改革者弗洛伊德（Sigmund Freud）亦改变了人的概念。弗洛伊德反对礼俗、心智、艺术渐进之说，虽然这种说法是早期文明所赖以滋长的基础。爱因斯坦和弗洛伊德对我们二十世纪的这一代产生极大的影响，但弗洛伊德的影响更为直接。说起来，弗洛伊德才是影响现代西方艺术表现最大的人物。弗洛伊德的心理分析尚未遍及中国，但这并不是说中国人的心灵中没有潜意识。虽然今天的中国画家完全意识到中国绘画在世纪文明演变中的地位，但他却感到自己是现代艺术世界的弃子。这就是使他难以自拔的困境。

再没有比千篇一律的标准化更容易、更危险的了。弗洛伊德学说对西方现代艺术的影响是不可否认的，若说弗洛伊德学说是唯一的影响力量便错误了。东西方对美与艺术价值各有着不同的观点。弗洛伊德学说以雷霆万钧之势，予中国绘画以急剧的变化，虽然依旧披着其传统的外衣，看起来却显得迟滞不前。尽管西方的现代艺术与中国的绘画间还看不出有任何裂痕的存在，但奇怪的是中国绘画始终未曾受到西方真正赏识或者作深入性的了解。因此使我们联想到中国绘画并不见异于现代西方艺术的趋向，必然有其永恒的原因与价值。或者说，难道现代西方艺术实际追求的目标恰与中国画家始终锲而不舍的目标不谋而合吗？总而言之，东西方的艺术是殊途而同归的。

我没有资格预测中国绘画在最近的将来所发展的情形。而我所强调的就是中国绘画艺术的精神。刚才我说过，中国的绘画艺术是超时空的，无私、无我而且历久常新。中国绘画早已经摆脱掉儒家道德的约束，并且亦摆脱了对佛教的皈依。儒家思想与佛教都是以人为中心的。唯独道家主张万物与我合而为一。然而佛禅与“新儒”的发展比较接近道家的思想。从此，中国的哲学思想便偏向于天人合一的观念。中国绘画才因此获得充分的表达。西方艺术，无论是古典抑或现代，其动机为人生与爱情。但在古代的美国及其他原始艺术，其动机乃集中在人的恐惧与死亡。然而中国的艺术，特别是第十世纪以后的中国绘画从来不经营爱情或恐惧，而只求表露艺术家的真正自我——“大我”。

中国人认为艺术和人生是不可分的，但艺术毕竟不是人生的仆役抑或其副产品。而人生经由艺术可以直接接触到自然。是故，艺术对人而言，不只是生命而已。艺术可以使人生更快乐、更幸福。所以艺术不应该仅是一种意识或潜意识的表达，因为意识与潜意识只能解释人生，却不能增添人生。

古今中外，尚无任何文化真正贯通了整个人性。艺术亦复如此。一件艺术作品乃在将一观念转变为一个意象。“为艺术而艺术”完全是说不通的。人生不可能在自然以外存在。所以一个人的心智在和谐的生命旋律中得到充分发展之前，必须先与自然融合而相悦。人的心灵如与精心雕琢的钻石相比，前者显得更为繁复而精巧。“小我”存在于每一个层面，营求着自身的目的，但其目的并非艺术的。于是，“大我”——艺术创造者——便被蒙蔽或遭到排斥。“小我”亦可以产生艺术，但它是偏向的艺术，绝非伟大的艺术。仅借助意识思想所创造的艺术总逃不出实体、“似生命”（lifelike）、道德与宗教的范畴。而仅靠潜意识活动所产生的艺术自不免趋于变态、梦幻，而流于虚无。“自动创作”虽可获致主观的宣泄，但绝少创造出艺术。“大我”是无我的，放诸四海而皆准，亦与自然界其他生物的大我相类而悦宜。而有别于“小我”。职是之故，如欲在艺术中表现一个人的心灵则必须培养其“大我”。

中国的美学理论认为形式、技巧、颜色都只不过是艺术的工具。艺术家的“大我”才是真正的主宰。只要主宰在位，兼备表达自己的能力，艺术家所使用的工具实不能影响其结果。正因为如此，中国绘画使用的工具，也不过是画笔、水墨、丝纸而已。我们宋代的绘画大师绝少借助于颜色和明暗的对照法。

伟大的艺术自有其不朽的特质。实在没有各立门派的必要，更不需要宣传的招牌。而且解释也是多余的。真正的艺术不可能是短命的，必然可以放诸四海而皆准，也必然可以经得起时间的考验，承受得住“饥饿时代”（hungry generations）的严正鉴评。而且在其中必然有一种为全人类所共同欣赏的东西。如无这种东西，只能算是一件装饰品。但也很可能被人所喜爱，甚且复制。仅一味在形式与技巧上标新立异并不能创造出伟大的作品。

天人合一的诗意一直是从前中国画家所追求的目标。我个人认为，这应当是今天与将来中国画家的努力目标。诚然，我并不是说只有中国的画家才享有这种诗意，而是天下全体人类共同享有的资产。谈到艺术，我们不应该涉及东西方艺术之谁优谁劣，以及褊狭的爱国主义与民族主义等问题。在今天，任何文化都不可能遗世而独立。因为今天传播思想、观念与艺术的工具实在太快捷、太发达了，连爱斯基摩人也无法孤立其文化。现代人都是文化交流的产物，简直使我们无法产生歧见。其实，在派别与技巧的骨子里依然是人类文明赖以奠基的天人合一的诗意。所以，我们的目标截然不同于爱默生的目标。因为我们需要承认的不是一个国家的文化，而是文明。

备注：讲词为宋颖豪先生（台湾著名学者、诗人、翻译家）翻译自英文，原载于《幼狮文艺》一九七四年四月号。

阮义忠的线画：自我心灵的独白

席德进

最近一年来，在一些重要的文艺刊物和杂志中，我们常发现一些刊头和插画，出现了一种纯以线条结构组合，带有无限意象的黑白画，点缀在每篇文章的开端。它在那儿，像是一个生命的源体单独地存在着，同文章的本身毫无关联，但又觉得不可缺少它。因为在那一片密集的单调的方块字群的篇幅上，它像在缓缓呼吸着，微微震颤着，如一池静水偶然掀起的漪涟。

这些黑白线画的作者是谁？看签名，是“QQ”。一个新面孔。直到最近，痖弦把一位小个子的青年人介绍给我，说他对画极有兴趣。当他把手中一叠黑白线画展示给我看时，我才知道“QQ”就是他——阮义忠。

一头自然卷曲的黑发，两眼深凹着，面部的轮廓显明。不太喜欢说话，要是开口了，那调子是急促的，一片段一片段的。人不到二十岁，却具有二十岁以上人的深沉。不见他发表意见但可以看得出他的意志坚决肯定，自有其主张。

阮义忠生长在台湾东部偏僻的小镇，兄弟姐妹共五人（阮义忠按：实为九人），他居其中。小时就爱乱画，此外就是看书。“我不念大学。我讨厌学院派的画。”在中学上课时就听不进课，只顾画满练习簿的线来表达心中的需要。虽然他没有进大学，但他那书架上所堆积的世界文学名著，已是非常壮观了。

音乐和诗的意味在他的线画中，明显看得出来。他常常在播放古典音乐的咖啡室泡上半天，手中也捧着一本诗集。可是他并没有写诗，却用了粗、细、直、曲、刚、柔的线转化成为他的形象的诗篇。这些形象带着律动和节奏，在线与线之间产生了一种音响感，这就是他对音乐的崇拜之后，自然而然的表露。

阮义忠没有向任何人请教过或学过画。他不需要如此。因为“绘画”对他来说，仅是一种自我心灵的独白。他唾弃色彩。线的无限的变化的字汇已足够满足他心灵的要求。他承认很喜欢凡·高的画，但不是凡·高画上那种骚动的狂热，而是那线条的律动感动了他。最近他把亨利·摩尔的雕刻图片反复地用单线摹写着，他憧憬着那伟大的雕刻作品中隐藏着的一股与天地抗衡的自然伟力。

阮义忠的线画是抽象的。它不表现任何物体，线仅是他对美的表达方式。非常自由地运用着各种感情的线，来寻求它们自身的组合、结构，形成一个自我的世界。有时是几何的，但又不绝对几何。

席德进为阮义忠所作的素描，1970 年。

阮义忠自画像，当时已开始拍照，1974 年。

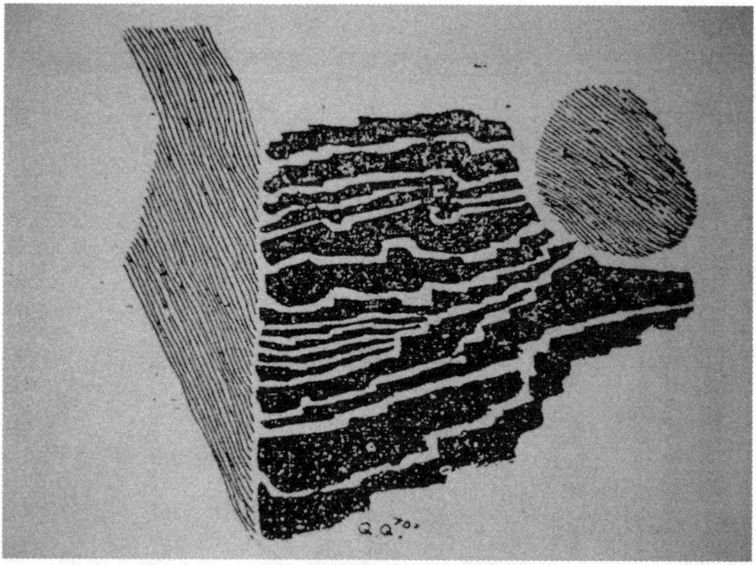

阮义忠的插画，1970 年。

阮义忠的插画，1972 年。

阮义忠的插画，约 1972 年。

阮义忠的插画，1974 年。

有时像一片岩层、一个指纹，一束植物叶脉的组织，一块矿石的剖面，温和的，缓缓地流动着，凝固着，疏疏密密，虚虚实实，错错落落，自成天趣。

在文艺刊物上，从前也出现过一些有灵性的插画：龙思良的风格支配过一个时期，之后是高山岚，这两位青年画家，现在都已从插画的天地中隐退了。原因大概是这个“职业”，不能认真当作职业。目前的一些插画，多是东抄西拼，把嬉皮文化的调子引渡过来，而缺乏自我的创意。现在阮义忠的线画格渐渐兴起来。他最近为一本交响乐全集的书画了一百多幅线画，也有些丛书以他的线画作为封面。也许是因为他的画含有广泛的意义与感情，用在哪儿都很适合，总是给人清新之感。像一首散文诗，发散着清幽、超脱的逸趣。

阮义忠否认他的画是插图。因为它不帮助文章去说明什么，也同文章内容没有任何关联。他的画是独立的，像一片浮雕，自我存在于那儿。唯一的效果是用来增加了一本书的视觉美，给呆板的文字面上嵌进一块有生命的个体。你说它是装饰也可以，因为一幅画本身挂在客厅里，不也是一件装饰品吗？

阮义忠还很年轻，他能在一开步就把握着自我，维护着自我，然后创造自我的天地，已远超过一些艺术学校的学生，他们缺乏主见，借老师的眼睛来作画，而把自己失落。一个人能发现他天生的本质，而继续不断地去培植它，已算尽到了一个人的天职。

我们相信阮义忠的画在不久的将来，经过他辛勤的淘炼、演变，会比现在更尖锐，更洗炼，更不同于前辈大师，而走出一条自己的路，形成一个线条的律动美的世界。

原载于一九七〇年十月，《大学》杂志第三十四期

图书在版编目(CIP)数据

未完成的梦:海外画家访谈录/阮义忠著.
—上海:上海译文出版社,2016.8
(阮义忠作品系列)
ISBN 978-7-5327-7209-4

Ⅰ.①未… Ⅱ.①阮… Ⅲ.①画家—访问记—
中国—现代 Ⅳ.①K825.72

中国版本图书馆 CIP 数据核字(2016)第 028036 号

未完成的梦
海外画家访谈录
阮义忠 著

责任编辑 陈飞雪
邹 滢

出版统筹 赵武平
装帧设计 宋 涛

上海世纪出版股份有限公司
译文出版社出版
网址:www.yiwen.com.cn
上海世纪出版股份有限公司发行中心发行
200001 上海市福建中路 193 号 www.ewen.co
上海市印刷四厂印刷

开本 890×1240 1/32 印张 8.75 插页 2 字数 122,000
2016 年 8 月第 1 版 2016 年 8 月第 1 次印刷

ISBN 978-7-5327-7209-4/I·4383
定价:42.00 元